Ubuntu 24.04 LTS Schnelleinstieg

Robert Gödl

Ubuntu 24.04 LTS

Schnelleinstieg

Der einfache Einstieg in die Linux-Welt

mitp

Bibliografische Information der Deutschen Nationalbibliothek
Die Deutsche Nationalbibliothek verzeichnet diese Publikation in der Deutschen Nationalbibliografie; detaillierte bibliografische Daten sind im Internet über http://dnb.d-nb.de abrufbar.

Bei der Herstellung des Werkes haben wir uns zukunftsbewusst für umweltverträgliche und wiederverwertbare Materialien entschieden.
Der Inhalt ist auf elementar chlorfreiem Papier gedruckt.

ISBN 978-3-7475-0886-2
1. Auflage 2024

www.mitp.de
E-Mail: mitp-verlag@lila-logistik.com
Telefon: +49 7953 / 7189 - 079
Telefax: +49 7953 / 7189 - 082

MIX
Papier
FSC® C083411

Lektorat: Janina Vervost
Sprachkorrektorat: Christine Hoffmeister
Covergestaltung: Christian Kalkert
Bildnachweis: © Julien Tromeur/stock.adobe.com
Satz: Petra Kleinwegen
Druck: CPI books GmbH, Leck

Inhalt

Einleitung

E.1 Was bietet dieses Buch?

Dieses Buch bietet Ihnen einen Einstieg in die Welt von Linux und in die Vorteile von Linux. Ubuntu kombiniert diese Vorteile mit einer einfachen Installation und einfacher Nutzung.

Sie lesen, wie Sie den Rechner für den Start von Ubuntu vorbereiten, das System ohne Installation ausprobieren und wenn gewünscht installieren. Dieses Buch begleitet Sie durch die Installation und durch die ersten Schritte mit diesem Betriebssystem sowie die Bedienung der grafischen Oberfläche GNOME. Sie erfahren, wie Sie unter Ubuntu Software installieren, deinstallieren und das System aktuell halten. Außerdem erhalten Sie einen Überblick über die bereits vorinstallierte Software, erfahren, wie Sie Software, die Sie vielleicht schon von Windows kennen, auch unter Linux nutzen können, und lernen Linux-Software kennen, die die Aufgaben von bekannter Windows-Software übernehmen kann.

Weiterhin erfahren Sie, wie Sie einige Windows-Anwendungen (also EXE-Dateien) direkt unter Linux nutzen oder gleich ein komplettes Windows unter Linux installieren können.

Ein weiteres Thema ist natürlich das System selbst. Sie erfahren, wo Sie welche wichtigen Verzeichnisse und Dateien finden und wie Sie damit arbeiten.

Zuletzt finden Sie auch eine Einführung in das Terminal und Themen rund um die Sicherheit unter Ubuntu.

E.2 Der Inhalt der beiliegenden DVD

Diesem Buch liegt die aktuelle Version von Ubuntu LTS bei (Version 22.04 – Jammy Jellyfish – in 64 Bit. Die 32 Bit-Variante von Ubuntu gibt es nicht mehr), diese ist bis zum April 2027 mit Support nutzbar.

Sie müssen Ubuntu nicht direkt installieren – das System lässt sich als Live-System ohne Installation ausprobieren, ohne am Computer etwas zu ändern.

Es handelt sich bei der beiliegenden DVD um die komplette Distribution von Ubuntu, wie Sie diese auch unter *https://ubuntu.com/* zum Download finden.

Systemvoraussetzungen für die Nutzung von Ubuntu

- 2 GB RAM Arbeitsspeicher, besser 4 GB
- 2 GHz Prozessor, 64 Bit (diese Voraussetzung erfüllt eigentlich jedes Gerät der letzten 10 Jahre)
- 5 GB freier Speicher auf der Festplatte (rein für das System), besser aber 20 GB

E.3 Kostenloses E-Book

Geben Sie den untenstehenden Code unter

https://mitp.code-load.de/

in das Textfeld ein und klicken Sie auf EINLÖSEN, um das E-Book (als PDF und EPUB) herunterzuladen.

```
5xf2b1fx33
```

E.4 Fragen und Feedback

Unsere Verlagsprodukte werden mit großer Sorgfalt erstellt. Sollten Sie trotzdem einen Fehler bemerken oder eine andere Anmerkung zum Buch haben, freuen wir uns über eine direkte Rückmeldung an *lektorat@mitp.de*.

Falls es zu diesem Buch bereits eine Errata-Liste gibt, finden Sie diese unter *www.mitp.de/0886* im Reiter DOWNLOADS.

Viel Spaß und Erfolg mit Ubuntu!

Kapitel 1

Über Linux und Ubuntu

1.1 Was ist eigentlich Linux?

Linux ist keine Anwendung, die man sich auf dem Computer installiert – es handelt sich bei Linux um ein Betriebssystem, genau wie Windows von Microsoft oder macOS von Apple.

1.1.1 Was ist ein Betriebssystem?

Ein Betriebssystem können Sie sich vorstellen wie eine Anwendung, nur ist diese Software um vieles größer als normale Anwendungen. Es ist die Grundlage, um überhaupt mit einem Computer arbeiten zu können. Grundlegende Software, könnte man sagen. Das Betriebssystem steuert die Hardware, die eingebaut ist, sowie Hardware, die angeschlossen wird. Das Betriebssystem stellt eine grafische Oberfläche bereit, mit der Sie arbeiten – Menüs, mit denen Sie darauf installierte Anwendungen suchen und starten können – und es lässt Sie weitere Anwendungen installieren. Es steuert die Prozesse – also die im Hintergrund laufenden Aufgaben – und regelt, welche Prozesse gerade vom Prozessor verarbeitet werden sollen. Kurz gesagt: Ohne Betriebssystem können Sie mit dem Computer nicht arbeiten.

1.1.2 Wer entwickelt Linux?

Gestartet wurde die Entwicklung vom damaligen finnischen Studenten Linus Torvalds – er wollte eigentlich nur eine Terminal-Anwendung schreiben, um bequem von zu Hause auf seine E-Mails in der Universität zugreifen zu können. Daraus wurde schnell ein kleines Betriebssystem, das er in einer Newsgruppe im Internet vorstellte. Viele weitere Entwickler schlossen sich der Entwicklung dieses Systems an. Was sie erreichen wollten, war ein kostenloses Betriebssystem, ohne sich mit den Lizenzen des damaligen Minix-Betriebssystems befassen zu müssen. Im Jahr 1991 wurde so die erste Version von Linux vorgestellt – damals noch ohne grafische Oberfläche (»Desktop«).

> **Minix**
>
> Minix war in den 80ern und zu Beginn der 90er ein zwar freies Betriebssystem – es konnte also kostenlos genutzt werden –, mit der freien Lizenz konnte jedoch nicht alles gemacht werden, was man wollte. Der Quellcode war zwar offen – also einsehbar –, durfte jedoch nicht weiterverwendet werden.

Inzwischen wird Linux nicht nur von freien Entwicklern programmiert, sondern auch von Firmen verwendet. Bekannte Firmen sind etwa IBM, Intel, Google und auch Microsoft.

1.1.3 Warum ist Linux kostenlos?

Linux wird unter einer freien Lizenz entwickelt – der sogenannten »GNU GPL«. Das »GNU« steht hier für »**G**nu is **N**ot **U**NIX« – UNIX war damals das vorherrschende Betriebssystem, Linux ist UNIX ähnlich, aber komplett neu aufgebaut. Darum der Name »GNU ist nicht UNIX«. »GPL« steht für die »General Public License«.

Die GNU-GPL-Lizenz legt folgende Regeln fest (hier nur die wichtigsten):

- Die Software unter der GNU GPL muss im Quelltext (die Software in der Form, wie sie der Programmierer schreibt) frei zugänglich sein. Dies bedeutet, jeder, der möchte, kann sich diesen Quelltext ansehen.
- Die Software unter der GNU GPL darf für jeden Zweck von jedem verwendet werden. Bei proprietärer Software – etwa sogenannter *Freeware* – ist dies nicht immer der Fall. Bei einem privat genutzten, kostenlosen Virenscanner kann es sein, dass Sie zahlen müssen, wenn Sie diesen geschäftlich nutzen möchten.
- Jeder darf den Quelltext einer Software, die der Lizenz GNU GPL unterliegt, nehmen und daraus selbst eigene Software entwickeln. So ist etwa aus OpenOffice das modernere LibreOffice entstanden.
- Software, die der GNU GPL unterliegt, muss für jeden kostenlos erhältlich sein.

Die GNU GPL legt also fest, dass jeder die Software für jeden Zweck kostenlos nutzen darf. Entwickler, die ihre Software unter dieser Lizenz veröffentlichen, möchten einfach, dass diese für jeden zugänglich ist. Andere möchten vielleicht, dass ihre Software auch von anderen weiterentwickelt und verbessert wird.

Es gibt jedoch auch Linux-Betriebssysteme, für die man bezahlen muss – und zwar durchaus mehr als für Windows von Microsoft. So etwa Red Hat, ein besonders auf Unternehmen zugeschnittenes und abgesichertes System.

1.1.4 Welche Vorteile hat Linux?

Linux hat natürlich so einige Vorteile gegenüber Windows oder macOS. Es ist zuallererst einmal kostenlos (bis auf wenige Ausnahmen).

Ein sehr wichtiges Argument für Linux ist auch, dass es schlanker ist. Selbst Rechner älterer Generationen werden mit Linux zurechtkommen, auch wenn aktuelle Betriebssysteme darauf nicht richtig funktionieren oder sich gar nicht mehr installieren lassen. Unter Linux laufen ganz einfach viel weniger unnötige Prozesse.

Ein weiterer Vorteil: Linux versendet keine Daten an die Entwickler, schon gar nicht ungefragt. Dies gilt nicht nur für das Betriebssystem, sondern auch für die Software, die Sie darauf installieren und nutzen.

1.1.5 Ist Linux wirklich sicherer?

Erst einmal ist ein Betriebssystem nur dann wirklich sicher, wenn man auch selbst als Benutzer gewisse Regeln einhält – also etwa keine Software aus unbekannten Quellen installiert. Aber ja, Linux ist in gewissen Dingen auch um einiges sicherer als Windows oder macOS.

Da ist einmal der offene Quellcode. Jeder kann in diesen einsehen und so etwa die Entwickler auf Fehler hinweisen. Linux wird auch weniger genutzt als bekanntere Betriebssysteme, sodass Schadsoftware für Linux kaum existent ist. Solche Schadsoftware wäre auch um einiges schwieriger in das System zu installieren, denn hinter Linux steckt eine aufwendige Rechte-Struktur. Der Administrator des Systems ist vom normalen Benutzer strikt getrennt. Auch installieren Sie unter Linux Software meist aus sogenannten *Repositories* – für Linux erstellte und gut abgesicherte Software-Archive.

1.1.6 Warum gibt es so viele Linux-Distributionen?

Es gibt nicht nur das eine Linux – es gibt unzählige. Linux ist eigentlich nur die Bezeichnung für den »Kernel« – also den Kern eines Linux-Betriebssystems. Dieser Kernel übernimmt die Steuerung des Systems. Der Rest vom Betriebssystem sind Treiber, eine grafische Oberfläche und Anwendungen, die Sie zur Konfiguration des Systems nutzen.

Jeder kann sich den Linux-Kernel nehmen, eine gewünschte grafische Oberfläche (den Desktop) hinzufügen und beliebig Software installieren, daraus dann ein Linux-Betriebssystem erstellen und dieses veröffentlichen. Eine solche Software-Zusammenstellung nennt man »Distribution«.

Für Linux finden sich zahlreiche grafische Oberflächen – also Desktops –, die man auch »Desktop-Umgebung« nennt. Solche Desktop-Umgebungen unterscheiden sich in der Optik, Handhabung und im Verbrauch von Ressourcen.

Die meisten Unterschiede zwischen den verschiedenen Linux-Distributionen sind die Desktop-Umgebung und die vorinstallierten Anwendungen. So gibt es etwa Distributionen, die speziell auf Multimedia-Anwendungen getrimmt werden, solche, die einfach nur einfach zu nutzen sein sollen oder auch solche für wissenschaftliches Arbeiten.

1.2 Ubuntu

Die Entwicklung von Ubuntu wurde im Jahr 2000 gestartet und die erste brauchbare Version erschien 2003. Auf Zulu bedeutet Ubuntu so viel wie »Menschlichkeit« und »Gemeinsinn«.

Das Ziel von Ubuntu ist, Linux gesellschaftsfähig machen. Die meisten Linux-Distributionen vor Ubuntu waren recht schwierig zu installieren und anzupassen, gerade Einsteiger mussten sich viel Zeit mit dem System lassen, um damit zurechtzukommen.

Ubuntu basierte zu Beginn stark auf dem recht konservativen Debian. Die Entwicklung von Debian geht recht langsam vor sich und zur Installation und Konfiguration muss man sich schon ein wenig mit dem System befassen. Vor allem das Terminal, also die Kommandozeile von Linux, ist zu dieser Zeit unter Debian nicht zu kurz gekommen. Ubuntu sollte das alles ändern – dies ist auch gelungen. Selbst Linux-Einsteiger und solche Benutzer, die noch nie ein Betriebssystem installiert haben, sollten sich problemlos zurechtfinden.

1.2.1 Die Vorteile von Ubuntu

Ubuntu ist nicht nur sehr einfach zu installieren – es wurde auch dafür geschaffen, es Einsteigern so einfach wie möglich zu machen, Linux zu nutzen. Alles gelingt per Mausklick und intuitiv. Auch die grafische Oberfläche – also die Desktop-Umgebung namens GNOME – ist einfach zu bedienen. Alles gelingt schnell und ohne lange Umwege. Ich würde behaupten, Ubuntu ist einfacher zu nutzen als Windows.

Wie schon kurz beschrieben, basiert Ubuntu auf Debian – einer der größten Linux-Distributionen überhaupt. Damit lassen sich Unmengen an weiterer Software ganz einfach per Mausklick installieren. Auch die meisten Anbieter von Fremdsoftware setzen auf Installationspakete für auf Debian basierende Betriebssysteme, sodass eine Vielzahl von Software für Ubuntu verfügbar ist.

Debian

Debian ist die Linux-Distribution mit der größten Entwickler-Gemeinde – rund 1000 Entwickler rund um die Welt arbeiten an diesem Betriebssystem. Zudem ist Debian inklusive Ubuntu (und seinen Varianten) die meistgenutzte Linux-Distribution, daher nutzen auch die meisten Anbieter von Software, welche ihre Programme auch für Linux anbieten, Debian-Software-Pakete.

Ubuntu verfügt über eine äußert große Community im Internet, so ist es einfach, Hilfe zu Problemen aller Art zu finden und diese auch zu lösen.

Gefällt Ihnen die grafische Desktop-Umgebung GNOME nicht, ersetzen Sie diese ganz einfach durch eine andere wie etwa KDE Plasma, das ressourcenschonende XFCE oder viele andere.

Kapitel 2

Ubuntu ausprobieren und installieren

In diesem Kapitel lesen Sie, wie Sie ein startfähiges Medium (DVD oder USB-Stick) erstellen, um Ubuntu auf Ihrem Computer auszuprobieren oder auch zu installieren. Auch gibt es verschiedene Arten von Ubuntu – etwa mit anderen grafischen Oberflächen oder anderer vorinstallierter Software. Sie erfahren, welche Möglichkeiten Sie im sogenannten *Live-System* haben und natürlich, wie Sie Ubuntu installieren.

2.1 Ubuntu herunterladen

Ubuntu ist frei im Internet zugänglich und kostenlos, Sie können es ganz einfach herunterladen. Zu Beginn: Es gibt Ubuntu in zwei verschiedenen Versionen:

- **Ubuntu LTS** – Long Term Support. Hierbei handelt es sich um die stabile Version. Sie erhalten Updates für das Betriebssystem und Software über fünf Jahre. Dazu bietet es sich für Unternehmen an, diesen Support (Updates) auf zwölf Jahre zu verlängern – für diese zusätzlichen sieben Jahre verlangt Canonical (die Firma hinter Ubuntu) jedoch Geld. LTS-Versionen erscheinen alle zwei Jahre. Sie finden Ubuntu LTS unter *https://ubuntu.com/#download* zum Download, Dateigröße: 5 GB.
- **Ubuntu STS** – Small Term Support. Diese Version ist für Benutzer gedacht, die gerne die aktuellste Software nutzen. Alle sechs Monate erscheint eine Ubuntu STS-Version, hierbei erhalten Sie Updates für neun Monate – um ein sicheres Betriebssystem zu nutzen, müssten Sie also spätestens nach neun Monaten auf die neue Version aktualisieren. Sie finden Ubuntu STS unter *https://ubuntu.com/#download* zum Download, Dateigröße: 5 GB.

Neben dem offiziellen Ubuntu gibt es noch weitere Versionen – sogenannte »Flavours« (auf Deutsch etwa: »Geschmacksrichtungen«). Diese verschiedenen Ubuntu-Versionen unterscheiden sich mal mehr, mal weniger. Einige haben eine andere grafische Desktop-Umgebung, andere wieder eine andere Software-Auswahl vorinstalliert. Hier die wohl bekanntesten Flavours (die meisten halten sich an die Release-Zyklen von Ubuntu und veröffentlichen LTS- sowie STS-Versionen):

- **Kubuntu** – Ubuntu mit KDE Plasma als grafischer Desktop-Umgebung. KDE Plasma ist neben GNOME (dem Standard-Desktop von Ubuntu) die zweite große Desktop-Umgebung. KDE sprüht nur so vor Effekten und ist an allen Ecken und Enden anpassbar – Sie finden einfach gesagt überall Einstellungen, GNOME ist hierbei im Gegensatz dazu sehr sparsam. Sie finden Kubuntu unter *https://kubuntu.org/* zum Download.
- **Xubuntu** – XFCE ist ein sehr schlanker Desktop. Er braucht um einiges weniger Ressourcen als GNOME und KDE Plasma. Auf älteren Rechnern hat man mit XFCE sicherlich keine Schwierigkeiten. Sie finden Xubuntu unter *https://xubuntu.org/* zum Download.
- **Ubuntu Mate** – Der Mate-Desktop benötigt noch einmal weniger Ressourcen als XFCE und lässt sich auch auf sehr alten Rechnern nutzen. Selbst zehn Jahre alte PCs lassen sich mit dieser Ubuntu-Version noch immer problemlos verwenden. Sie finden Ubuntu Mate unter *https://ubuntu-mate.org/* zum Download.
- **Ubuntu Studio** – Ubuntu Studio setzt den Fokus auf Multimedia. Hierbei geht es vor allem um bereits vorinstallierte Software aus den Bereichen Bildbearbeitung, Videobearbeitung und Musik. Grundsätzlich lassen sich alle Anwendungen auch auf allen anderen Ubuntu-Versionen installieren – hier sind diese Anwendungen jedoch schon mit einer sinnvollen Vorkonfiguration versehen. Sie finden Ubuntu Studio unter *https://ubuntustudio.org/* zum Download.

2.2 Startmedium erstellen

Ubuntu lässt sich nicht so einfach unter Microsoft Windows oder macOS installieren, es handelt sich dabei um ein Betriebssystem. Sie erhalten eine sogenannte »ISO-Datei« – diese brennen Sie etwa bootfähig auf eine DVD oder Sie kopieren diese Datei bootfähig auf einen USB-Stick und starten in beiden Fällen den Rechner von diesem erstellten Medium.

Bootfähig bedeutet – der Computer muss davon starten können, das heißt, er muss die nötigen Dateien an bestimmten Orten vorfinden. Sie können die Datei also nicht einfach wie ein Video auf eine DVD brennen oder die Datei nicht einfach auf den USB-Stick verschieben. Hierfür ist eine Software nötig, die dies passend erledigt.

DVD zum Buch

Haben Sie die gedruckte Version dieses Buches vor sich liegen, können Sie diesen Schritt überspringen. Das Buch beinhaltet eine bootfähige DVD mit Ubuntu 24.04. Sie können das Erstellen eines Startmediums jedoch dazu nutzen, um etwa weitere bootfähige DVDs oder USB-Sticks zu erstellen.

2.2.1 ISOburn – bootfähige DVDs brennen

ISOburn ist eine kostenlose Software für Microsoft Windows – mit dieser lassen sich ISO-Images schnell und einfach auf DVDs brennen. Sie finden diese Software unter *https://isoburn.org/* zum Download (siehe Abbildung 2.1).

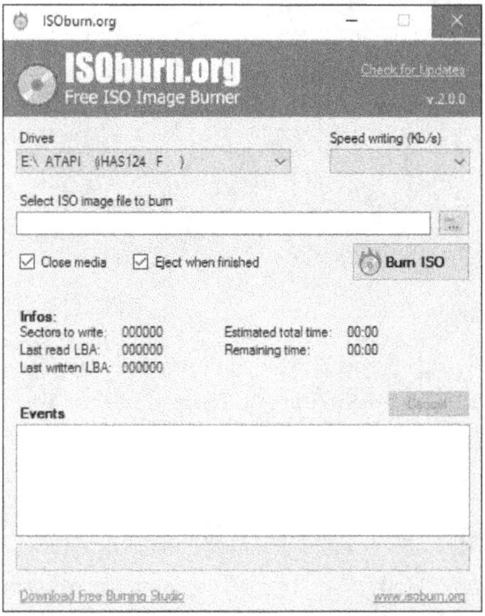

Abb. 2.1: ISOburn – ISO-Images bootfähig auf DVDs brennen

Mit dem Schalter DRIVES geben Sie das Laufwerk an, mit dem Sie die DVD brennen wollen, und mit SELECT ISO IMAGE FILE TO BURN wählen Sie die zu brennende ISO-Datei. Alle anderen Einstellungen können Sie belassen, wie sie sind – anschließewnd klicken Sie auf den Schalter BURN ISO.

2.2.2 Etcher – bootfähige USB-Sticks erstellen

Mit der Software Etcher lassen sich per Mausklick bootfähige USB-Sticks erstellen. Sie finden diese kostenlose Software unter *https://www.balena.io/etcher/* für Windows, macOS und Linux zum Download (Abbildung 2.2).

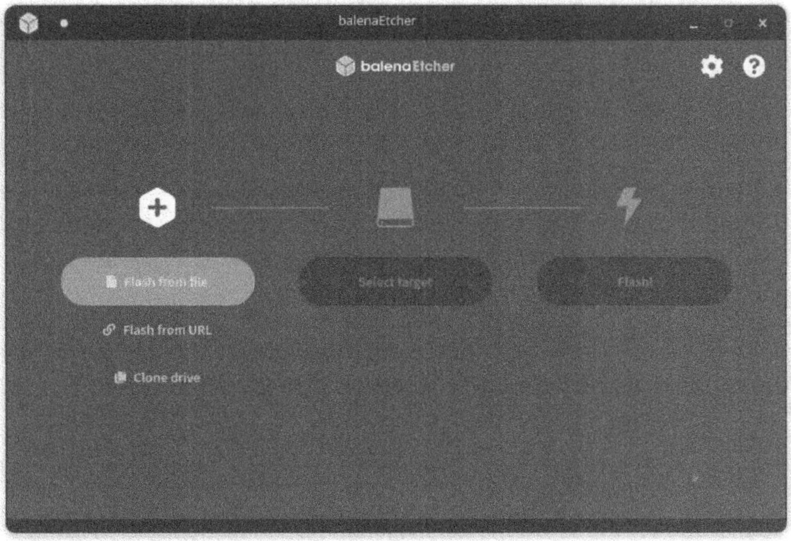

Abb. 2.2: Etcher – bootfähige USB-Sticks erstellen

Mit dem Schalter FLASH FROM FILE wählen Sie die heruntergeladene ISO-Datei aus, dann geben Sie mit SELECT TARGET den angeschlossenen USB-Stick an und starten den Vorgang mit FLASH!.

2.3 Den Computer vom Startmedium starten

Gleich einmal vorweg – bei Ubuntu handelt es sich um ein installierbares Live-System. Dies bedeutet – Sie müssen Ubuntu nicht installieren, Sie können es vor der Installation auch nur ausprobieren. Solange Sie es nicht installieren, wird am Computer nichts geändert.

In der Grundkonfiguration startet meist auch mit eingelegter Ubuntu-DVD oder angeschlossenem Ubuntu-USB-Stick trotzdem das bereits installierte Windows. Dies können Sie auf älteren Computern im BIOS und auf aktuelleren Computern im UEFI ändern. Hierbei handelt es sich um die grundlegende Firmware des Computers. In diese gelangen Sie je nach Computer-Hersteller mit einer der folgenden Tasten: F2, F10, F12 oder Entf – in der Beschreibung des Herstellers finden Sie nähere Informationen. Die passende Taste drücken Sie bei Start des Computers mehrmals schnell hintereinander, bis Sie das Fenster der Firmware sehen.

In Abbildung 2.3 sehen Sie eine mögliche BIOS-Variante.

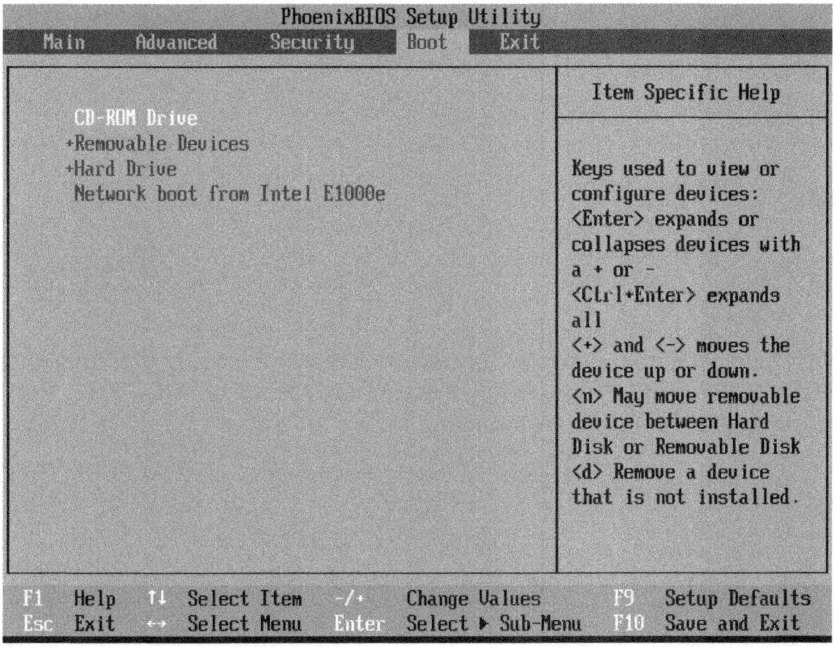

Abb. 2.3: BIOS – das Bootmenü

Im BIOS nutzen Sie die Pfeiltasten zur Navigation, mit den Pfeiltasten links und rechts wechseln Sie zwischen den Menüeinträgen. Zur Auswahl einer Funktion nutzen Sie die Pfeiltasten auf und ab. Sie benötigen zur Auswahl des Datenträgers für den Start mit Ubuntu das Menü »Boot«. Als Erstes markieren Sie mit den Pfeiltasten den DVD- oder USB-Eintrag – mit den Tasten F5 und F6, je nach Hersteller auch + und -, verschieben Sie den Eintrag ganz nach oben (Informationen zu den Tasten finden Sie ganz rechts).

Das UEFI ist meist etwas moderner aufgebaut (siehe Abbildung 2.4).

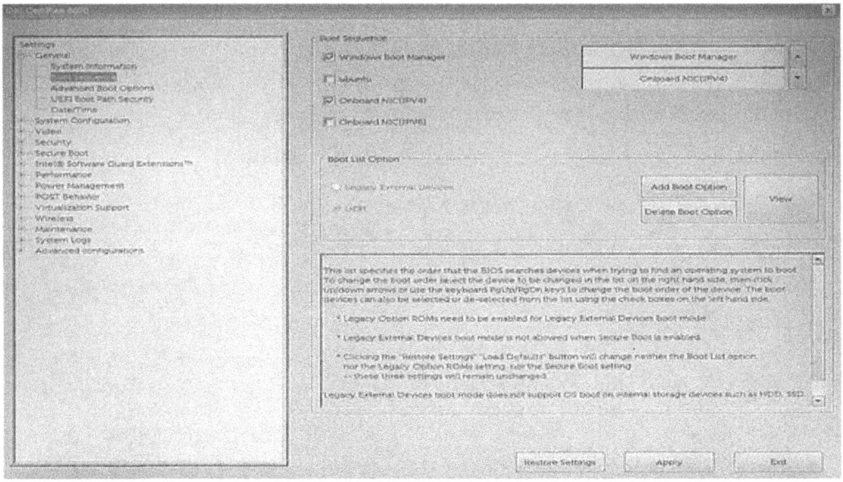

Abb. 2.4: UEFI

Nicht immer, aber im UEFI der meisten Hersteller können Sie die Maus statt der Tasten nutzen. Ist dies nicht so, nutzen Sie wie im BIOS die Pfeiltasten. Wie im BIOS finden Sie auch im UEFI einen Menüeintrag namens »Boot«. Öffnen Sie diesen und setzen Sie das Startmenü an die oberste Stelle.

Egal, ob im BIOS oder im UEFI – Sie sollten die Option »Fast Boot« suchen und diese deaktivieren. Je nach Hersteller findet sich die Option in einem anderen Menü. »Secure Boot« zu deaktivieren, ist in den meisten Fällen heute nicht mehr nötig – dies tun Sie nur, wenn sich Ubuntu nicht starten lässt.

Zuletzt übernehmen Sie die Einstellungen mit einem Klick auf den Schalter APPLY oder SAVE AND EXIT – im BIOS dient dazu meist die Taste F10. Der Computer startet neu vom ausgewählten Startmedium.

2.4 Ubuntu ausprobieren

Wie in Abschnitt 2.3 schon kurz angeschnitten, handelt es sich bei Ubuntu (und seinen Flavours) um ein Live-System. Es läuft komplett im Arbeitsspeicher des Computers. Sie können das System und die vorinstallierten Anwendungen ausprobieren, Einstellungen vornehmen, Dateien erstellen oder im Internet surfen. Auch die eingebaute und angeschlossene Hardware lässt sich testen. Bevor Sie das System nicht installieren, wird am bereits installierten System nichts geändert. Starten Sie den Rechner ohne das Ubuntu-Startmedium neu, startet wieder das installierte Windows oder macOS.

Startet Ubuntu, sehen Sie zu Beginn das Logo von Ubuntu und das System startet ohne Meldungen. Gibt es hier jedoch Probleme und es ändert sich mehrere Minuten nichts (von einem USB-Stick sollte das System innerhalb einer Minute starten, mit DVD startet das System etwas langsamer), wird wahrscheinlich ein Problem mit der Grafik vorliegen. Sie sollten dann das System mit Strg+Alt+Entf neu starten und, sobald Sie das Logo von Ubuntu sehen, die Esc-Taste drücken. Damit gelangen Sie in das Bootmenü (siehe Abbildung 2.5).

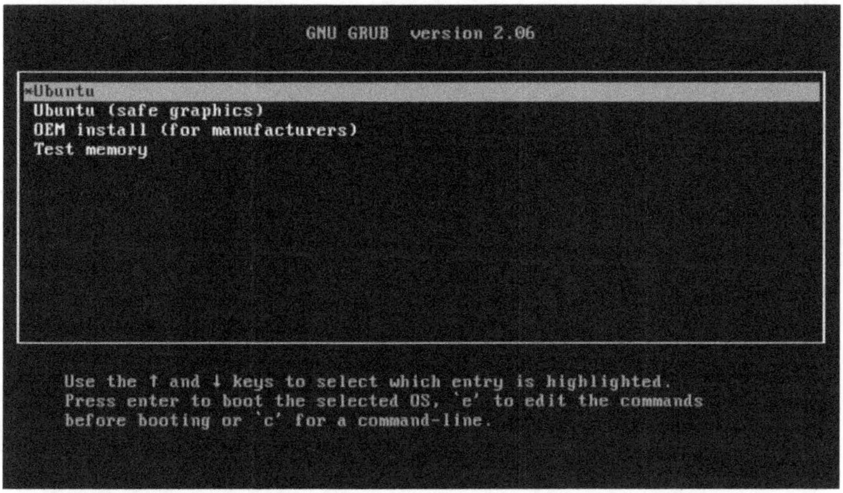

Abb. 2.5: Das Ubuntu-Bootmenü

Hier nutzen Sie die Pfeiltasten (auf und ab) zur Navigation. Wechseln Sie auf den Eintrag »Ubuntu (safe graphics)« und bestätigen mit ↵.

Es sollte dann nur wenige Sekunden dauern, bis das Ubuntu-Logo wieder erscheint (von DVD gestartet, dauert dies wieder etwas länger, da optische Medien langsamer arbeiten). Es erscheint der Desktop und kurz darauf öffnet sich die Software zur Installation von Ubuntu (siehe Abbildung 2.6).

Kennen Sie Ubuntu bereits aus früheren Versionen, wissen Sie, dass beim Start nachgefragt wurde, ob Sie das System gleich installieren oder erst ausprobieren möchten. Dies ist ab Version 24.04 nicht mehr der Fall. Möchten Sie Ubuntu erst probieren, schließen Sie einfach das geöffnete Fenster.

Abb. 2.6: Ubuntu ausprobieren oder installieren

Wir werden uns hier das Live-System kurz ansehen und gleich danach die Installation starten. Die übrigen Funktionen des Desktops werden wir uns in Abschnitt 3.1 näher ansehen.

Nachdem Sie das Fenster geschlossen haben, sehen Sie den kompletten Desktop – siehe Abbildung 2.7 (rechts oben sehen Sie das geöffnete Benutzermenü für Lautstärke, WLAN, Herunterfahren, Sperren und neu Starten).

Links finden Sie eine Leiste – diese dient als Starter für häufig genutzte Anwendungen – und rechts oben das Benutzermenü. Über dieses Menü lässt sich der Rechner neu starten und die Internetverbindung auswählen.

Über den Schalter mit den neun Punkten im Starter links unten lässt sich das Anwendungsmenü öffnen, alternativ drücken Sie die Windows-Taste (unter Linux auch »Super« genannt). Dieses beinhaltet alle installierten grafischen Anwendungen (siehe Abbildung 2.8).

Dieses Menü lässt sich einfach durchblättern, indem Sie den Mauszeiger ganz nach links oder rechts an den Bildschirmrand ziehen. Anwendungen starten Sie einfach per Mausklick. Alternativ geben Sie einen Begriff ein – dazu müssen Sie gar nicht in das Suchfeld in der Mitte oben klicken, tippen Sie einfach drauf los.

Abb. 2.7: Ubuntu – der Desktop

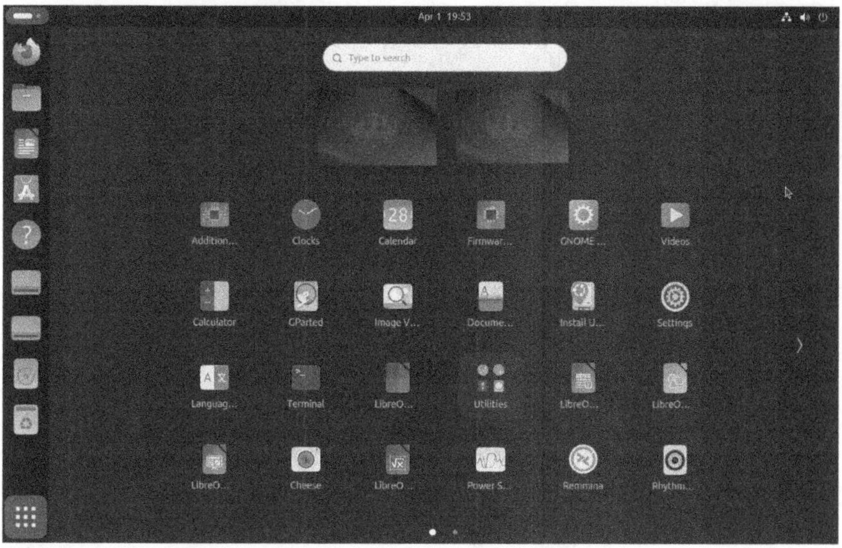

Abb. 2.8: Das Anwendungsmenü von Ubuntu

2.5 Ubuntu installieren

Haben Sie sich dafür entschieden, Ubuntu zu installieren, gelingt dies schnell und einfach ohne Vorwissen. Ubuntu wurde so geschaffen, dass es für jeden einfach zu installieren und zu nutzen ist.

Zur Installation von Ubuntu ist eine Internetverbindung nicht absolut notwendig – aber vorteilhaft. Vor allem geht es darum, dass Ubuntu nicht alle Treiber gleich mit dabei hat – insbesondere um die Treiber für WLAN. Funktioniert die WLAN-Verbindung im Live-System nicht, sollten Sie den Computer per Netzwerkkabel mit dem Router verbinden, um an die entsprechenden Treiber zu kommen.

Es gibt verschiedene Arten, Ubuntu zu installieren:

- **Ubuntu alleine auf dem Computer** – Sie ersetzen dabei das bisher installierte Betriebssystem durch Ubuntu.
- **Ubuntu neben Windows oder einem anderen Linux** – Ubuntu wird auf einem freien Platz auf der Festplatte neben Windows oder einem anderen Linux installiert. Beim Start des Rechners wählen Sie aus, welches Betriebssystem gestartet werden soll.
- **Ubuntu auf einer externen Festplatte oder auf einem USB-Stick** – Sie installieren Ubuntu auf einem externen Speicher. Wenn Sie diesen anschließen, starten Sie Ubuntu. Allerdings ist ein USB-Stick auf Dauer nicht empfehlenswert – er wird nicht lange halten und schnell kaputtgehen.

Den entsprechenden Schalter für die Installation finden Sie als Icon am Desktop rechts unten – es ist bezeichnet durch »Install Ubuntu 24.04 LTS«.

Die Einstellungen zur Installation beginnen mit der Auswahl der Sprache (siehe Abbildung 2.9).

Sie wählen zu Beginn die Sprache – also Deutsch. In dieser Sprache wird nicht nur die Software zur Installation von Ubuntu genutzt, sondern sie wird anschließend auch für das installierte Ubuntu verwendet. Nach jeder Einstellung klicken Sie unten rechts auf den Schalter WEITER.

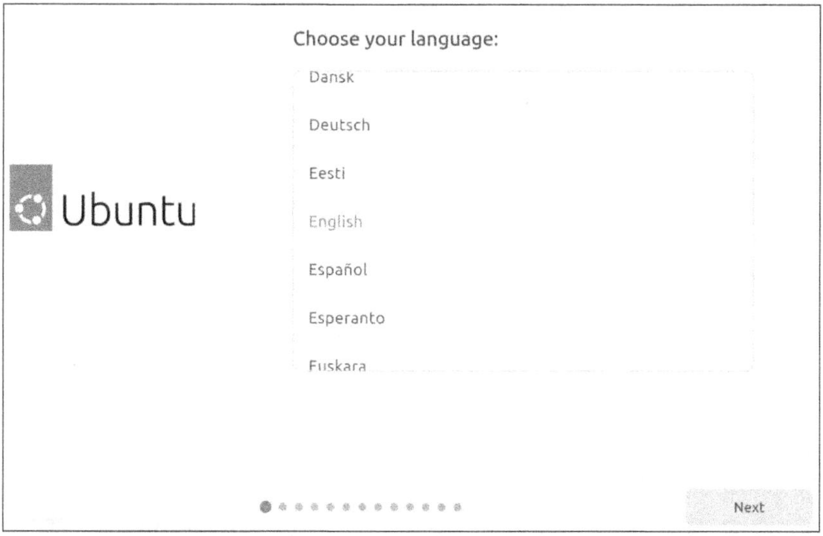

Abb. 2.9: Start der Installation – Auswahl der Sprache

Es folgen Einstellungen für Benutzer mit Beeinträchtigungen (leider noch nicht auf Deutsch):

- **Seeing** – Hoher Kontrast, größere Schrift
- **Hearing** – Lautere Warntöne bei fehlerhaften Einstellungen
- **Typing** – Hilfen beim Tippen auf der Tastatur
- **Ponting and clicking** – Hilfen für die Maus und das Touchpad
- **Zoom** – Alles wird größer dargestellt

Weiter geht es mit der Tastaturbelegung – diese ist bereits an die ausgewählte Sprache angepasst. Wenn gewünscht, können Sie diese hier aber natürlich anpassen – sind Sie kein Entwickler, werden Sie aber keine Anpassungen brauchen. Prüfen Sie im Feld unten vor allem die Sonderzeichen (siehe Abbildung 2.10).

Anschließend wählen Sie aus, ob Sie bei der Installation das Internet nutzen möchten. Dies sollten Sie natürlich aktiviert lassen, falls Ubuntu für Ihren Computer weitere Treiber benötigt.

Jetzt wählen Sie aus, ob Sie die interaktive Installation oder die automatisierte Installation nutzen möchten. Die automatisierte Installation ist vor allem für Unternehmen gedacht, die schon ihre eigenen Einstellungen bereitgestellt haben.

Abb. 2.10: Installation – Auswahl des Tastaturlayouts

Nach einem Klick auf WEITER geht es an die Art der Installation. Folgende Möglichkeiten sind vorhanden (siehe Abbildung 2.11):

Abb. 2.11: Art der Installation

Standard-Installation – Eine minimale Installation, nur die nötigsten Anwendungen sind vorinstalliert. Dazu gehören Anwendungen zur Konfiguration des Systems und der Webbrowser.

Vollständige Installation – Hier wird Ubuntu mit allen Anwendungen installiert, die Sie auf dem Computer benötigen könnten – also etwa die Office-Suite LibreOffice, die E-Mail-Software Thunderbird, eine Software für Notizen, eine weitere zum Anzeigen von PDF-Dateien und vieles mehr.

In den nächsten Einstellungen legen Sie fest, ob Sie proprietäre (nicht freie) Software installieren möchten. Besonders Ubuntu-Einsteiger sollten die Option Software von Drittanbietern für Grafik- und WLAN-Hardware aktivieren. Ubuntu ermittelt in diesem Fall nötige Treiber und installiert diese automatisch.

Die Option Unterstützung für zusätzliche Medienformate herunterladen und installieren sorgt dafür, dass Sie alle möglichen Musik-Dateien und Videos abspielen können.

2.5.1 Partitionierung der Festplatte

Es folgt der schwierigste Teil der Installation – das Partitionieren der Festplatte (siehe Abbildung 2.12).

Hinweis zum Partitionieren

Partitionieren nennt man das Aufteilen der Festplatte oder von Festplatten und das Formatieren mit einem Dateisystem. Partitionen können Sie sich wie Stücke von einer Torte vorstellen, auf jeder Partition können Sie etwa ein Betriebssystem installieren. Jede Partition muss wiederum mit einem Dateisystem belegt sein, um Daten speichern zu können. Ubuntu macht Ihnen das Partitionieren sehr einfach.

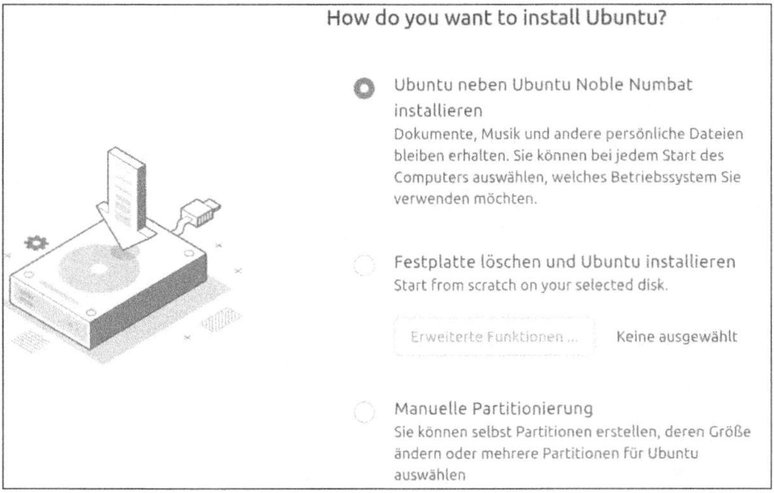

Abb. 2.12: Die Festplatte partitionieren

Je nach Vorkonfiguration Ihres Computers (installierte Betriebssysteme) bietet Ubuntu hier mehrere Möglichkeiten an:

- **Ubuntu neben ... installieren** – Ubuntu wird in diesem Fall zusätzlich zu einem bereits installierten Betriebssystem (Windows oder Linux) installiert. Beim Start des Computers wählen Sie aus, welches Betriebssystem Sie starten möchten.
- **Festplatte löschen und Ubuntu installieren** – Alle bereits installierten Betriebssysteme (also auch Windows) werden gelöscht und stattdessen Ubuntu installiert. Hier haben Sie über die Schaltfläche ERWEITERTE FUNKTIONEN unter anderem die Möglichkeit, LVM (Logical Volume Management) für einfacheres Verwalten der Partitionen zu nutzen oder das komplette System zu verschlüsseln. ZFS (hierbei handelt es sich um ein sehr leistungsfähiges Dateisystem, das sehr gut mit vielen Dateien umgehen kann – extrem stabil und schnell) sollte nur auf einem Server mit starker Hardware genutzt werden (mindestens 16 GB RAM Arbeitsspeicher, schnelle SSD, starke CPU, je mehr CPU-Kerne, desto besser, Festplatte mehr als ein Terabyte) (siehe Abbildung 2.13).

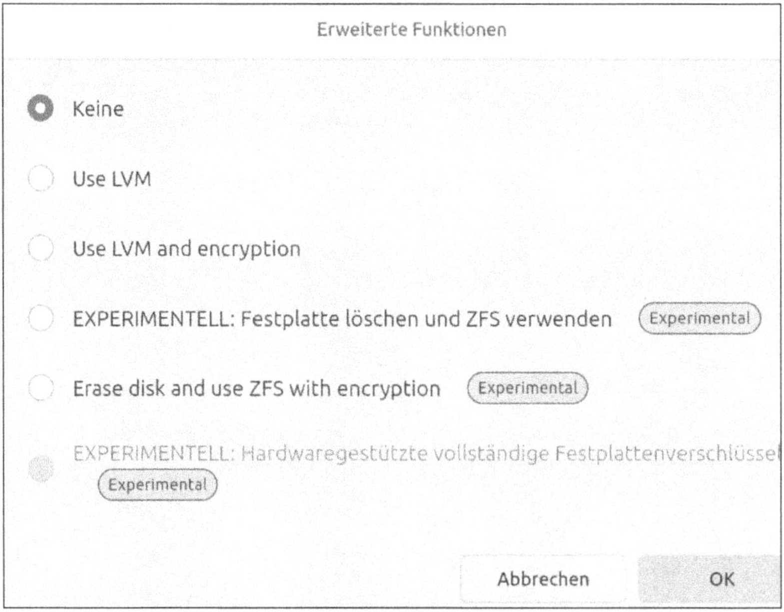

Abb. 2.13: Erweiterte Optionen beim Partitionieren

- **Manuelle Partitionierung** – Hiermit partitionieren Sie die Festplatte manuell, Ubuntu hilft Ihnen hierbei kaum. Diese Option sollten Sie benutzen, wenn Sie mehrere Betriebssysteme installiert oder mehrere Festplatten eingebaut haben und Ubuntu auf einer eigenen installieren möchten. Hierzu finden Sie als Empfehlung die Tabelle 2.1 und anschließend die Erklärungen dazu.

Benötigt	Optional	Größe	Dateisystem	Markierung	Beschreibung
		Min. 16 GB	Ext4 / BTRFS	Bootfähig	System + private Daten
/boot/efi		100 bis 300 MB	Fat32	Bootfähig	Nötig bei UEFI
	/swap	RAM x 2	linux-swap		Auslagerungsspeicher
	/home	Rest der Festplatte	Ext4 / BTRFS		Private Daten

Tab. 2.1: Vorschlag für die manuelle Partitionierung

Die Partition »/«

Die Partition »/« nimmt die Installation des Betriebssystems auf. In der Theorie sollten 10 bis 15 GB Speicherplatz genügen, Sie müssen jedoch auch damit rechnen, dass Sie weitere Software installieren möchten. Minimal würde ich hier auf 20 GB setzen, bei 20 bis 30 sollten Sie sicherlich keine Probleme haben. Bei der Größe der Systempartition – also »/« – kommt es auch darauf an, ob Sie eine eigene Partition für seine privaten Daten (»/home«) anlegen oder nicht. Legen Sie keine extra Partition für Ihre eigenen Daten an, nimmt die Systempartition diese automatisch auf – in diesem Fall sollte diese also entsprechend größer sein. Sie müssen auch damit rechnen, dass Sie hier Musik, Video-Dateien, Bilder und Dokumente ablegen wollen.

Die SWAP-Partition

Unter 4 GB RAM Arbeitsspeicher sollten Sie nicht auf eine SWAP-Partition verzichten, gerade auf mobilen Geräten. Hier landen Daten, die nicht mehr im Arbeitsspeicher Platz haben.

Die Größe richtet sich nach dem Arbeitsspeicher. Die SWAP-Partition sollte bis 8 GB RAM rund doppelt so groß sein wie der Arbeitsspeicher. Ab 8 GB RAM genügt es für die meisten Arbeiten, die SWAP-Partition mit derselben

Größe wie der RAM anzulegen. Ein Grund, diesen größer zu machen, wäre etwa die Bearbeitung sehr großer Videodateien.

Ab 4 GB RAM kann man wie schon beschrieben auf die SWAP-Partition verzichten. In diesem Fall ist es möglich, im installierten System später auch eine eigene SWAP-Datei anlegen – mit dieser ist jedoch kein Ruhezustand auf der Festplatte (Suspend to disk) möglich. Dies ist vor allem auf Laptops natürlich ein Problem.

Ich würde auf jeden Fall empfehlen, bis 8 GB RAM nicht auf eine SWAP-Partition mit 8 GB Speicher zu verzichten.

Grundsätzlich gilt also: Wollen Sie den Ruhezustand auf der Festplatte nutzen, sodass der Rechner tatsächlich während dieser Zeit keinen Strom benötigt, muss die SWAP-Partition mindestens so groß sein wie der Arbeitsspeicher. Denn in diesem Fall wird der komplette Inhalt des Arbeitsspeichers in die SWAP-Partition geschrieben.

Die EFI-Partition

Wichtig: Wenn Sie eine neue Partitionstabelle angelegt haben und den UEFI-Modus nutzen, sollten Sie nicht die EFI-Partition vergessen. Hier sollten 100 MB Speicherplatz genügen. Erst wenn man mehr Betriebssysteme installieren und nebeneinander betreiben möchte, sollte man diese vergrößern – in jedem Fall sollten 300 MB genügen.

Weitere optionale Partitionen

Es besteht die Möglichkeit, noch für weitere wichtige Verzeichnisse des Systems eigene Partitionen anzulegen. Solange man das System nicht als Server einsetzt, ist das absolut unnötig.

Das Dateisystem (nur bei der manuellen Partitionierung nötig)

Auch bei der Wahl des Dateisystems ist Linux sehr variabel. Es gibt unter Linux, anders als unter Windows, etliche Dateisysteme.

Gleich einmal vorweg: Der normale Linux-Nutzer sollte sich eigentlich keine Gedanken über die Wahl der Formatierung machen. Alle Dateisysteme sind stabil und schnell, »ext4« ist jedoch viele Jahre erprobt, während »btrfs« Vorteile bei Backups bietet und gerne auf Server-Systemen genutzt wird. Beide erlauben so große Dateien und Partitionen, wie man sie als normaler Nutzer in den nächsten Jahren nicht brauchen wird.

Von den viel umworbenen »xfs«- und »zfs«-Dateisystemen (bei beiden Möglichkeiten handelt es sich um Dateisysteme für Unternehmen mit starker

Hardware) rate ich ab, es wird für normale Aufgaben absolut nicht benötigt und braucht eine starke CPU und sehr viel RAM, um damit auch performant arbeiten zu können. Will man ein Dateisystem mit ähnlichen Eigenschaften wie »xfs«, hat aber nur normale Hardware, sollte man eher auf »btrfs« setzen.

Meine Empfehlung für den normalen Nutzer lautet »ext4«.

Der Bootloader

Bevor Sie die manuelle Partitionierung abschließen, müssen wir uns noch um den Bootloader kümmern.

Der Bootloader (in diesem Fall GRUB) dient dazu, das gewünschte Betriebssystem beim Start des Rechners auszuwählen und dieses zu starten. Startet der Rechner, startet dieser erst den Bootloader. Dieser zeigt wiederum ein Menü mit den installierten Betriebssystemen an, aus denen Sie das gewünschte System zum Start auswählen.

Grundlegend: Ein Bootloader muss installiert werden, egal, ob nur Ubuntu auf dem Rechner installiert ist oder auch weitere Linux-Distributionen wie auch Microsoft Windows.

In der Regel erkennt die Software zur Installation von Ubuntu, auf welcher Festplatte der Bootloader installiert werden muss. Standardmäßig ist dies die erste Festplatte des Rechners mit der Bezeichnung »sda«. Befindet sich nur eine Festplatte im Rechner, ist diese Einstellung sowieso obsolet.

Interessant wird es jedoch, wenn Sie Ubuntu etwa auf einem USB-Stick oder einer externen Festplatte installieren wollen. Installieren Sie Ubuntu auf einem externen Medium, gilt es auch, dieses Medium zur Installation für den Bootloader auszuwählen. Tun Sie dies nicht, werden auf internen Festplatten installierte Systeme nicht mehr starten, wenn der Stick oder die externe Platte nicht angeschlossen ist.

Das manuelle Partitionieren

Partitionieren Sie die Festplatte manuell, sehen Sie im Fenster eine Übersicht über alle Festplatten – siehe Abbildung 2.14.

Jede Festplatte wird durch ein schwarzes Icon dargestellt, darunter sehen Sie in einer Liste die daraufliegenden Partitionen (nicht schwarz gefülltes Icon). Ist auf einer Partition ein Betriebssystem installiert, sehen Sie dies in der Tabelle in der Spalte »System«. Markieren Sie eine Partition mit einem Klick in die Zeile – wird unter der Tabelle der Schalter ÄNDERN aktiv. Klicken Sie auf diesen Schalter, können Sie die Größe anpassen – also etwa verkleinern, um Platz für Ubuntu zu schaffen (siehe Abbildung 2.15).

Abb. 2.14: Übersicht über Festplatten und Partitionen beim manuellen Partitionieren

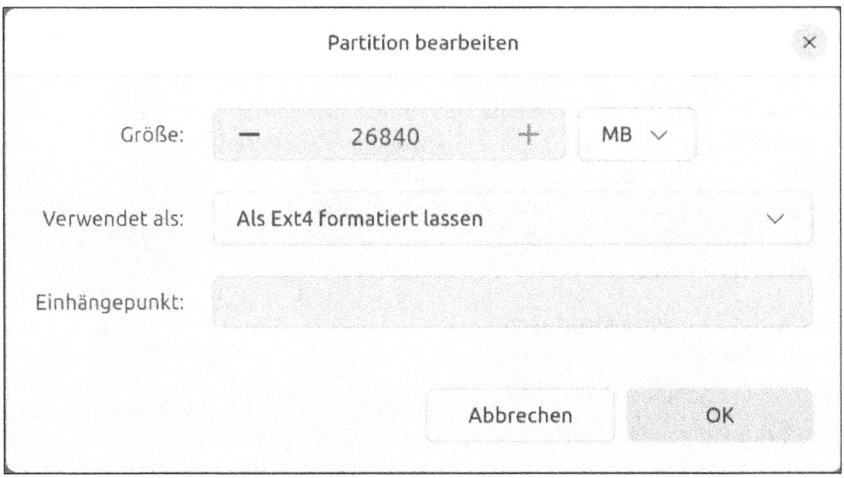

Abb. 2.15: Bestehende Partitionen anpassen

In diesem Fenster können Sie auch das Dateisystem der Partition ändern – bei einem installierten Windows sollten Sie dies in keinem Fall tun.

Haben Sie eine Partition markiert, können Sie mit den Schaltern Plus und Minus darunter diese auch löschen oder auf freiem Platz neue Partitionen erstellen.

Beim Erstellen einer neuen Partition auf freiem Speicher müssen Sie auch einen Einhängepunkt angeben (siehe Tabelle 2.1). Dies erledigen Sie über den Schalter EINHÄNGEPUNKT wie in Abbildung 2.15 zu sehen, klicken Sie auf den Schalter (eigentlich ein Feld), werden alle möglichen Einhängepunkte sichtbar.

Über den Schalter NEUE PARTITIONSTABELLE löschen Sie alle installierten Betriebssysteme auf der Festplatte – hier also Vorsicht.

Der Schalter LAUFWERK ZUR INSTALLATION DES BOOTLOADERS wählen Sie die Festplatte, auf der der Bootloader installiert werden soll. In der Regel wählen Sie hier die oberste Festplatte in der Tabelle oben. Installieren Sie Ubuntu auf einer externen Festplatte, wählen Sie diese für die Installation des Bootloaders.

2.5.2 Benutzer anlegen und Installation abschließen

Nachdem Sie die Partitionierung abgeschlossen haben, legen Sie den ersten Benutzer unter Ubuntu an – dieser kann nach Bestätigung mit seinem Passwort auch administrative Aufgaben erledigen. Geben Sie als Erstes Ihren Namen an – dieser dient nur zur Information – sowie einen Namen für den Rechner. Arbeiten Sie in einem Netzwerk, ist es vorteilhaft, den Namen des alten Rechners zu nutzen – etwa der, den der Rechner auch unter Windows hat.

Einen Nutzernamen schlägt Ubuntu vor, diesen können Sie natürlich anpassen. Für den Benutzer vergeben Sie anschließend noch ein sicheres Passwort. Sie können außerdem die automatische Anmeldung am Desktop aktivieren – in diesem Fall startet das System in den Desktop, ohne das Passwort abzufragen. Auch zu »Active Directory« (Windows-Freigaben) können Sie sich hier bereits anmelden (siehe Abbildung 2.16).

Abb. 2.16: Anlegen des ersten Benutzers und Vergeben des Namens für den Computer (Hostname)

> **Active Directory**
>
> Bei *Active Directory* handelt es sich um unter Windows freigegebene Verzeichnisse. Sie können also unter Ubuntu ganz einfach über den Dateimanager auf solche Verzeichnisse zugreifen. Der Dateimanager Nautilus (siehe Abschnitt 6.1.1) zeigt sie anschließend in der Orte-Liste an.

Nun folgt die letzte Einstellung vor der Installation – Sie legen die Zeitzone, also Ihren Standort, fest. Dieser dient vor allem dazu, die Uhrzeit korrekt darzustellen (automatische Umstellung von Sommer- und Winterzeit). Sie klicken einfach auf der Landkarte in die gewünschte Zeitzone oder geben diese über die Schalter darüber an (siehe Abbildung 2.17).

Dies waren die Einstellungen zur Installation, doch bisher hat sich an der Konfiguration Ihres Computers noch nichts geändert. Sie können immer noch abbrechen. Nach einem letzten Klick auf WEITER sehen Sie noch eine Übersicht über alle Änderungen, die nach einem Klick auf den Schalter INSTALLIEREN vorgenommen werden (siehe Abbildung 2.18).

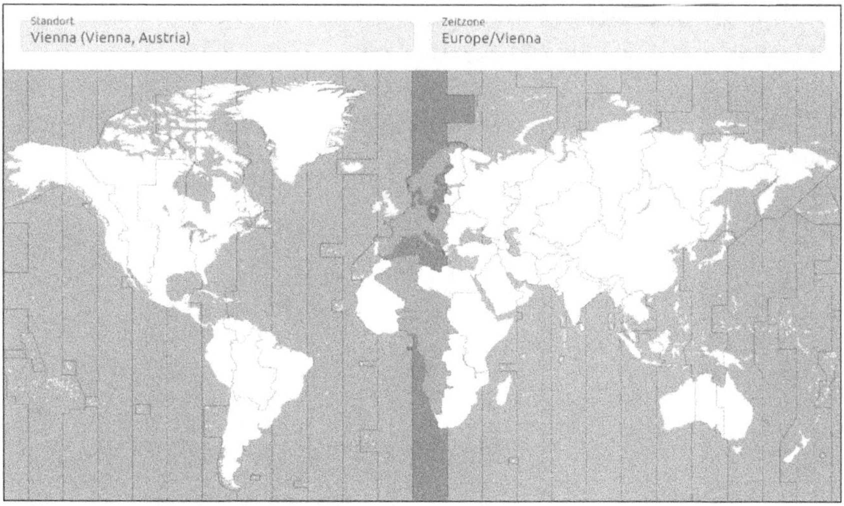

Abb. 2.17: Angeben der Zeitzone

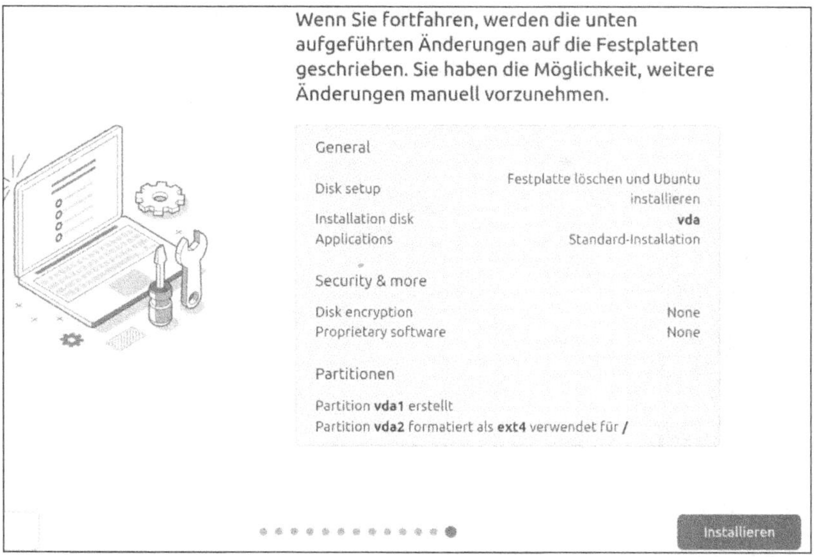

Abb. 2.18: Letzte Möglichkeit, die Installation abzubrechen

Während das System die Installation durchführt und beendet, sehen Sie einige Vorzüge von Ubuntu in einer Slideshow. Warten Sie ab, bis Ubuntu die erfolgreiche Installation bestätigt und starten Sie anschließend das System über das Benutzermenü rechts oben neu. Entnehmen Sie den Datenträger, wenn Ubuntu dies verlangt, und bestätigen mit [↵].

Der Rechner startet neu. Haben Sie mehrere Betriebssysteme installiert, öffnet sich beim Start das Bootmenü (ähnlich Abbildung 2.5). Ubuntu ist bereits markiert und wird nach zehn Sekunden automatisch starten – außer Sie wählen mit den Pfeiltasten ein anderes installiertes Betriebssystem.

Kapitel 3
Der Desktop

Die grafische Oberfläche von Ubuntu (also der Desktop) weicht in vielen Dingen – in der Optik und auch in der Bedienung – von der Windows-Oberfläche ab. So ist Ubuntu vor allem auf einfaches und schnelles Arbeiten ohne Ablenkungen zugeschnitten.

In diesem Kapitel lernen Sie diese grafische Oberfläche und die wichtigsten Funktionen, aber auch weitere grafische Oberflächen kennen (Linux, also auch Ubuntu, hat nicht nur eine grafische Oberfläche) und erfahren, wie Sie damit arbeiten.

3.1 Ubuntu GNOME kennenlernen

Der Standard-Desktop von Ubuntu nennt sich »GNOME«, er wird seit über zwanzig Jahren entwickelt und hat im Jahr 2010 seine letzte große optische Änderung von seinen Entwicklern bekommen. GNOME ist sehr einfach zu nutzen, selbst Linux-Einsteiger werden mit dieser grafischen Oberfläche schnell zurechtkommen.

Statt mehreren Leisten und aufgeteilten Menüs (wie in älteren Versionen) findet sich nur noch eine Leiste, die man mit der Taskleiste unter Windows vergleichen könnte. Den kompletten Desktop sehen Sie in Abbildung 3.1.

Die Leiste – die man auch »Panel« nennt, liegt am oberen Bildschirmrand und beherbergt drei wichtige Funktionen:

- **Die Aktivitäten** – (ganz links) Ein Menü, in dem Sie die geöffneten Anwendungen verkleinert wiederfinden. Über dieses gelangen Sie auch per Mausklick an die virtuellen Arbeitsflächen. Mehr dazu lesen Sie in Abschnitt 3.1.2.
- **Die Uhr** – (mittig) Ein Klick darauf öffnet die Benachrichtigungen und einen einfachen Kalender.
- **Das Benutzermenü** – (ganz rechts) Hier regeln Sie die Lautstärke, verbinden sich mit dem Netzwerk und fahren den Computer herunter oder starten diesen neu.

Abb. 3.1: GNOME – der Desktop

Links finden Sie eine horizontale Leiste – diese nennt sich »Dock«. Das Dock beinhaltet oben die Icons für häufig genutzte Anwendungen wie etwa den Webbrowser Firefox und den E-Mail-Client Thunderbird sowie den Dateimanager. Unten findet sich der Schalter für das Anwendungsmenü.

3.1.1 Das GNOME-Anwendungsmenü

Das Anwendungsmenü, über das Sie alle installierten Programme starten können, öffnen Sie wie schon beschrieben mit einem Klick auf den Schalter unten links im Dock – das Symbol mit den neun Punkten (siehe Abbildung 3.2). Alternativ nutzen Sie die Tastenkombination ⊞ + A.

In vielen Linux-Foren werden Sie häufig auf die »Super«-Taste hingewiesen werden, wenn es um Tastenkombinationen geht. Unter Linux nennt sich die Windows-Taste ganz einfach »Super«.

Die meisten Anwendungsmenüs der Desktop-Umgebungen unter Ubuntu ordnen Anwendungen mittels Kategorien – unter GNOME ist es das genaue Gegenteil. Die Anwendungen sind willkürlich nach ihrem Namen sortiert. Bewegen Sie den Mauszeiger an den linken oder rechten Bildschirmrand, wird ein Pfeil sichtbar, mit dem Sie eine Seite weiterschalten können, alternativ drehen Sie am Mausrad.

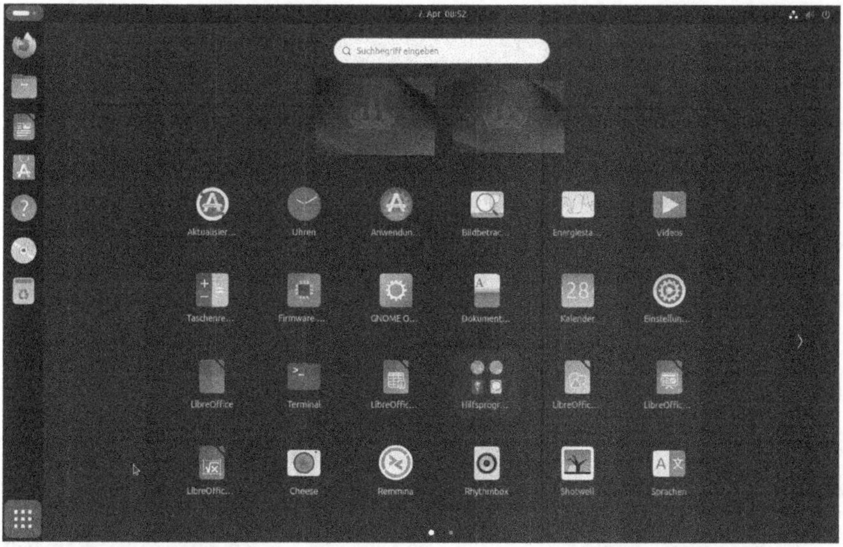

Abb. 3.2: Das GNOME-Anwendungsmenü

Sie müssen sich jedoch nicht lange durch das Menü klicken und suchen – Sie können ganz einfach das Suchfeld oben nutzen. In dieses müssen Sie nicht einmal klicken – Sie brauchen nur zu tippen beginnen. Sie können die ersten Zeichen einer Anwendung eingeben, aber auch ganz einfach einen Zweck, den die Anwendung erfüllen soll – etwa »mailen«, um nach der E-Mail-Anwendung zu suchen. Das Menü beginnt nach den ersten Zeichen zu suchen und präsentiert passende Treffer.

Dieses Menü zeigt jedoch bei einer Suche nicht nur installierte Anwendungen. Geben Sie etwa den Namen einer nicht installierten Anwendung direkt ein – etwa »gimp«, eine hervorragende Bildbearbeitung –, bietet Ubuntu hier direkt die Installation an (»GIMP holen«).

3.1.2 Virtuelle Arbeitsflächen

Zwischen den Icons für die installierten Anwendungen und dem Suchfeld finden Sie zusätzlich die »virtuellen Arbeitsflächen«, die auch »virtuelle Desktops« genannt werden. Diese dienen dazu, auch bei vielen geöffneten Anwendungen den Überblick zu behalten. Sie wechseln zwischen diesen, indem Sie einfach auf die gewünschte klicken und öffnen dort Anwendungen.

Anwendungen, die Sie auf einer virtuellen Arbeitsfläche öffnen, sind auch nur auf dieser zu sehen. Statt den kleinen Ansichten im Anwendungsmenü können Sie auch die größere Ansicht über die Aktivitäten im Panel oben links öffnen – alternativ drücken Sie zum Öffnen einfach die ⊞-Taste (siehe Abbildung 3.3).

Abb. 3.3: Die Aktivitäten – virtuelle Arbeitsflächen

Sie sehen in der Mitte die aktuell geöffnete Arbeitsfläche. Alle auf dieser Arbeitsfläche geöffneten Anwendungen sind verkleinert dargestellt. Ein Klick auf ein solches verkleinertes Fenster öffnet genau dieses Fenster. Rechts daneben sehen Sie ein Stück der zweiten virtuellen Arbeitsfläche – ein Klick auf diese und Sie wechseln auf diese.

Schneller wechseln Sie die Arbeitsflächen mit der Tastenkombination ⊞ + `Bild ↑` und `Bild ↓`.

Standardmäßig finden sich nur zwei dieser virtuellen Arbeitsflächen – legen Sie jedoch auf die zweite leere virtuelle Arbeitsfläche eine geöffnete Anwendung, erscheint eine weitere.

3.1.3 Das Benutzermenü

Rechts oben im Panel findet sich das Benutzermenü – hierüber können Sie sich abmelden, den Desktop sperren, aber auch den Rechner herunterfahren und neu starten. Zusätzlich finden sich hier die Netzwerk-Verbindungen und der schnellste Weg in die Einstellungen (siehe Abbildung 3.4).

Seit Ubuntu 22.04 wurde dieses Menü stark überarbeitet und nur die wichtigsten Einstellungen sind sofort wiederzufinden. Über die großen Schalter ändern Sie die Internet-Verbindung, ändern den Modus des Systems (Energiesparmodus, um den Akku zu schonen) und wechseln zwischen dunklem und hellem Design. An das Ausschalten, an das Neustarten und an die Systemeinstellungen gelangen Sie über die kleinen Schalter am oberen Rand.

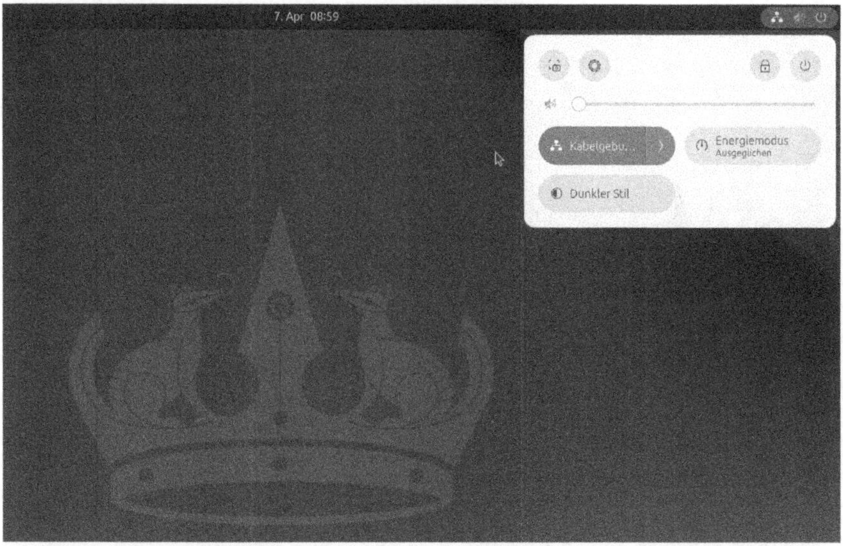

Abb. 3.4: Das Benutzermenü

3.1.4 Kalender und Benachrichtigungen

Die Uhr versteckt noch einen einfachen Kalender – dieser zeigt unter anderem Ihre Termine an, auch Benachrichtigungen des Systems und anderer Anwendungen werden hier angezeigt. Haben Sie etwa eine Benachrichtigung des Systems übersehen, klicken Sie einfach auf die Uhr – hier werden diese nochmals angezeigt.

Klicken Sie auf einen Tag oder Eintrag im Kalender oder auf den grauen Schalter darunter, werden entsprechende Einträge im grauen Bereich darunter angezeigt – ein Klick in den blauen Bereich und der Kalender öffnet sich (siehe Abbildung 3.5).

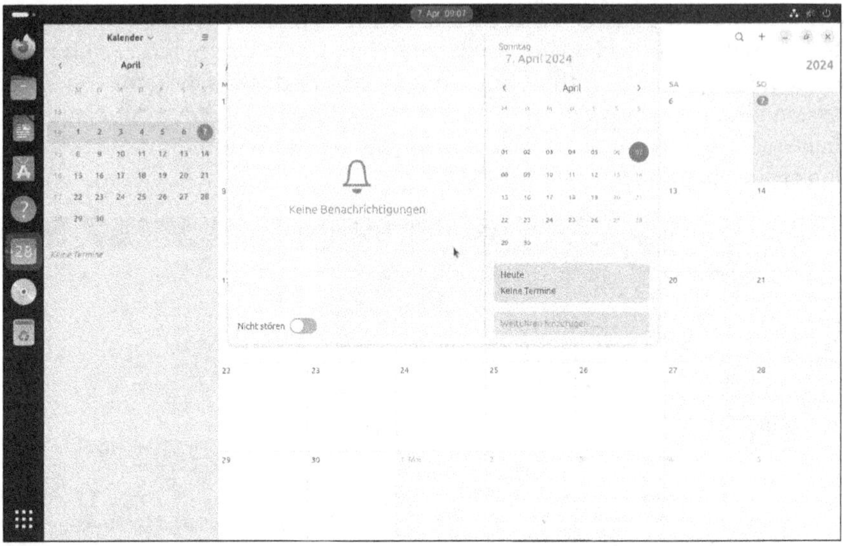

Abb. 3.5: Der Kalender

In der großen Ansicht des Kalenders lassen sich wiederum ganz einfach per Mausklick Termine erstellen.

3.1.5 Das Dock

Das Dock (wird in Foren hin und wieder auch »Dash« genannt) – also die Leiste links – beinhaltet die Starter oft genutzter Anwendungen, so wie es sich Entwickler zumindest vorstellen. Ein Klick auf ein darin enthaltenes Icon öffnet die zugehörige Anwendung. Ein weiterer Klick auf dasselbe Icon öffnet jedoch nicht dieselbe Anwendung noch einmal, sondern minimiert diese im Dock und holt sie wieder hervor. Um ein zweites Fenster derselben Anwendung zu öffnen, klicken Sie dessen Icon rechts an und wählen im Kontextmenü den Eintrag NEUES FENSTER.

Auch wenn Sie mehrere Anwendungen, also Fenster, geöffnet haben, wird im Panel oben nur das Fenster im Vordergrund angezeigt. Zum Wechseln per Mausklick dient das Dock – auch die Icons der nicht aus dem Dock geöffneten Anwendungen zeigen sich hier. Klicken Sie einfach auf das passende Icon. Sind mehrere Fenster derselben Anwendung geöffnet, zeigen sich die Fenster verkleinert (siehe Abbildung 3.6).

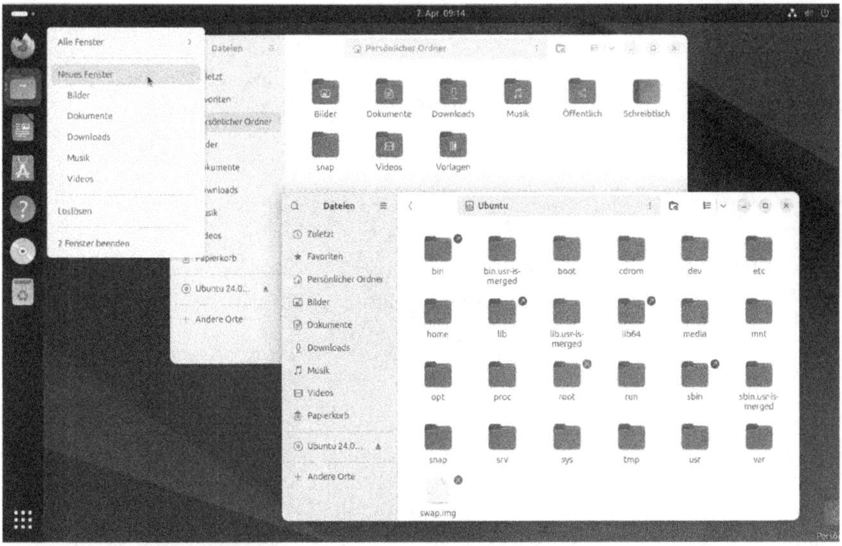

Abb. 3.6: Das GNOME-Dock

3.1.6 Wichtige Tastenkombinationen

Ubuntu lässt sich am schnellsten mittels Tastenkombinationen bedienen. In der folgenden Tabelle finden Sie die wichtigsten.

Tastenkombination	Wirkung
⊞	Alle geöffneten Fenster anzeigen
⊞+A	Anwendungsmenü öffnen
Alt+Tab	Zwischen geöffneten Fenstern wechseln
Alt+F4	Aktuelles Fenster schließen
F4	Aktuelles Fenster in den Vollbild-Modus
⊞+↑	Aktuelles Fenster maximieren
⊞+↓	Größe des aktuellen Fensters wiederherstellen
⊞+→	Aktuelles Fenster auf der rechten Bildschirmhälfte maximieren

Tastenkombination	Wirkung
⊞+[←]	Aktuelles Fenster auf der linken Bildschirmhälfte maximieren
⊞+[Bild↑]	Zur nächsten virtuellen Arbeitsfläche wechseln
⊞+[Bild↓]	Zur vorigen virtuellen Arbeitsfläche wechseln
⊞+[L]	Bildschirm sperren
[Strg]+[Alt]+[Entf]	Abmeldung öffnen (abmelden, sperren oder neu starten)
[Druck]	Bildschirmfoto erstellen (was Sie aufnehmen wollen, legen Sie im sich öffnenden Menü fest)

Tab. 3.1: Tabelle der wichtigsten Tastenkombinationen unter Ubuntu

Alle vorkonfigurierten Tastenkombinationen finden Sie in den Einstellungen, indem Sie die Einstellungen zur Tastatur öffnen und auf den Schalter TASTENKOMBINATIONEN ANZEIGEN klicken (siehe Abbildung 3.7).

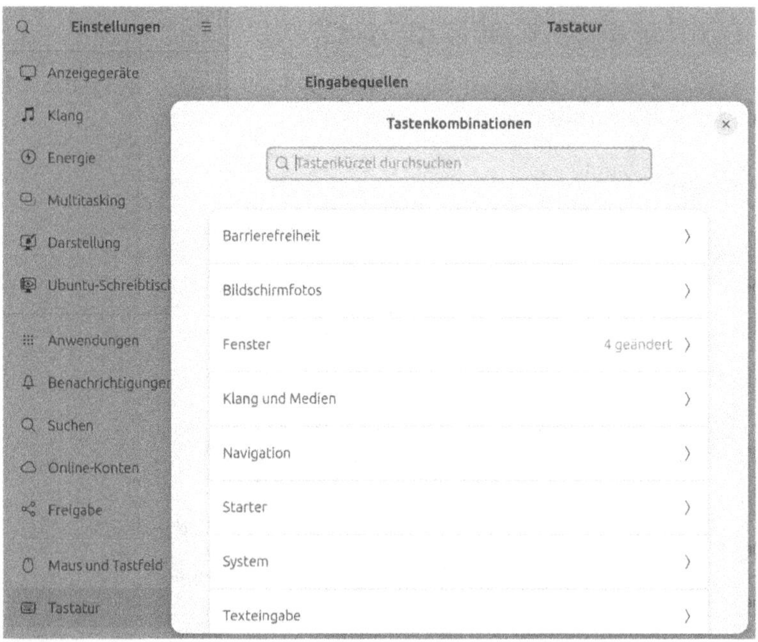

Abb. 3.7: Tastenkombinationen für Ubuntu anzeigen und verändern

Hier finden Sie alle Tastenkombinationen in Kategorien aufgelistet – zudem zeigen sich dort auch deaktivierte Tastenkombinationen. Um eine solche deaktivierte Tastenkombination zu aktivieren, klicken Sie auf die Tastenkombination und vergeben das gewünschte Tastenkürzel. Auf dieselbe Art lassen sich auch bereits vorhandene Tastenkombinationen ändern.

Wie in Tabelle 3.1 beschrieben, lassen sich Fenster per Tastenkombination auch am linken und rechten Bildschirmrand maximieren – so belegen zwei Fenster genau je eine Hälfte des Bildschirms. Hierzu müssen Sie jedoch nicht unbedingt die Tastenkombination benutzen, klicken Sie einfach in die Titelleiste des Fensters und ziehen Sie das Fenster an den linken oder rechten Bildschirmrand (siehe Abbildung 3.8).

Dies funktioniert auch mit dem Maximieren von Fenstern. Um ein Fenster zu maximieren, klicken Sie die Titelleiste an und ziehen das Fenster an den oberen Bildschirmrand. Um die Größe wiederherzustellen, ziehen Sie es vom oberen Rand wieder weg.

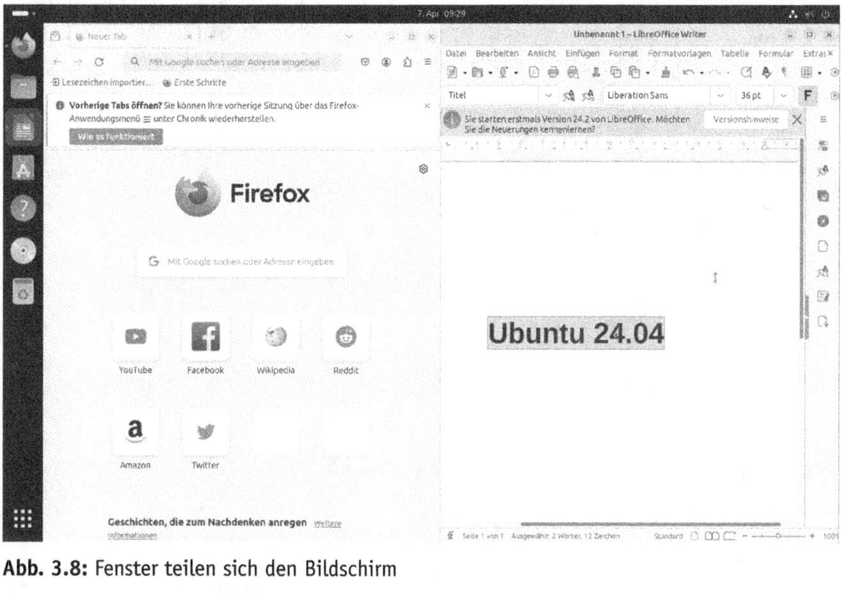

Abb. 3.8: Fenster teilen sich den Bildschirm

3.2 GNOME anpassen

Wie in Abschnitt 3.1 schon beschrieben, ist GNOME sehr einfach gehalten und sehr einfach zu benutzen. Sie werden zu Beginn nicht viele Einstellungen finden, doch kennen Sie die richtigen Stellen, lässt sich aus und mit GNOME sehr viel machen. In diesem Abschnitt werden Sie sehen, wo die wichtigsten Schalter für die Einstellungen zu finden sind.

Hin und wieder gilt es, die passende Anwendung zu installieren, für andere Funktionen gibt es Erweiterungen – auch mit dem schlichten GNOME funktioniert mehr, als Sie zu Beginn denken.

3.2.1 Ins Internet mit Ubuntu-GNOME

Gehen Sie per Netzwerkkabel über den Router in das Internet, besteht die Verbindung schon – Ubuntu verbindet sich automatisch mit dem Router und bezieht die Einstellungen über diesen. Andernfalls müssen Sie die Verbindung erst einrichten – hierzu zählen etwa WLAN oder mobiles Breitband (Surf-Stick).

Ins Internet mit WLAN

Die Einstellungen für das Netzwerk und Internet finden Sie am einfachsten über das Benutzermenü im Panel rechts oben. Öffnen Sie dieses per Mausklick und wählen den Eintrag WÄHLEN SIE EIN NETZWERK AUS (siehe Abbildung 3.9).

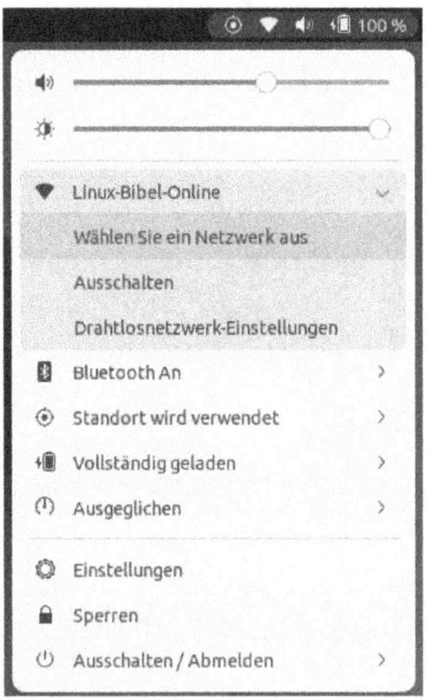

Abb. 3.9: Das Benutzermenü – Netzwerk auswählen

Es öffnet sich ein Fenster mit allen gefundenen WLAN-Netzwerken. Wählen Sie das gewünschte aus und klicken auf den Schalter VERBINDEN.

Mobiles Breitband

Möchten Sie sich über einen Surf-Stick per mobilem Breitband mit dem Internet verbinden, öffnen Sie die Einstellungen über das Benutzermenü EINSTELLUNGEN|NETZWERK. Der Stick sollte dabei schon angeschlossen sein – ansonsten wird die Möglichkeit nicht angezeigt.

Klicken Sie auf den Schalter MOBILES BREITBAND und erstellen Sie die neue Verbindung, indem Sie dem Assistenten folgen.

3.2.2 Desktop-Einstellungen

Das Hintergrundbild lässt sich ganz einfach per Rechtsklick auf eine freie Stelle am Desktop ändern – klicken Sie im Kontextmenü mühelos auf den Eintrag HINTERGRUNDBILD ÄNDERN. Hier wählen Sie eines, das von Ubuntu mit installiert wurde oder ein eigenes.

An diese und die restlichen wichtigen Desktop-Einstellungen gelangen Sie übrigens auch über das Benutzermenü im Panel oder über das Anwendungsmenü, indem Sie nach dem Eintrag »Einstellungen« suchen oder über die Systemeinstellungen und den Eintrag DARSTELLUNG (siehe Abbildung 3.10).

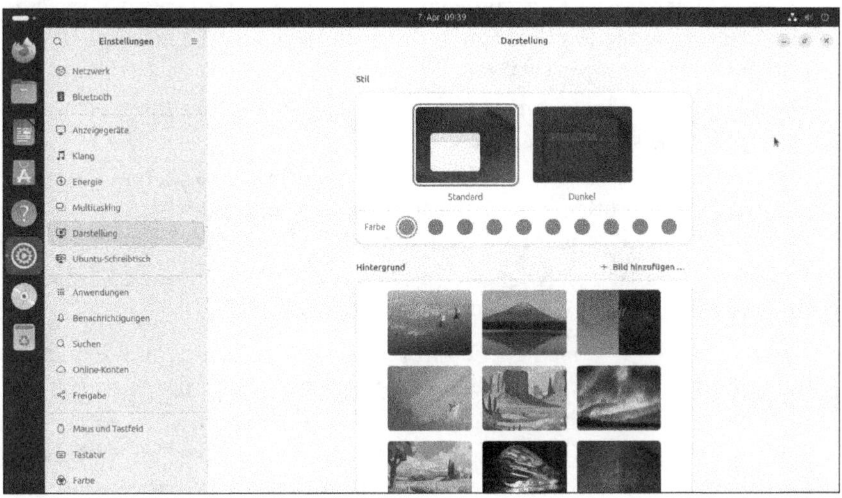

Abb. 3.10: Ubuntu-Desktop-Einstellungen

Hier finden Sie nicht nur die Einstellungen für das Hintergrundbild, sondern in den unterschiedlichen Einträgen links lässt sich auch fast der komplette Desktop anpassen. Hier die wichtigsten Einstellungen:

- **Netzwerk** – Hier lassen sich unter anderem VPN oder ein Proxy per Mausklick einrichten.
- **Darstellung** – Optische Einstellungen rund um das Theme – so lassen sich hier die Farben und auch ein dunkleres Theme einstellen.
- **Ubuntu-Schreibtisch** – Hier lässt sich neben vielen weiteren Einstellungen auch das Dock (die Leiste links am Desktop mit den häufig genutzten Anwendungen) automatisch ausblenden – so haben Sie mehr Platz auf dem Desktop. Bewegen Sie den Mauszeiger an den linken Bildschirmrand, wird das Dock wieder sichtbar.
- **Multitasking** – Unter diesen Einstellungen legen Sie unter anderem fest, wie sich der Desktop auf mehreren Bildschirmen verteilen soll.
- **Datenschutz und Sicherheit** – Hier passen Sie an, ob und wann der Bildschirm automatisch gesperrt werden soll sowie ob und welche Daten Ubuntu an die Entwickler senden darf.
- **Online Konten** – Verbinden Sie sich mit dem Google-Account, synchronisieren Sie Ihre Daten mit Nextcloud oder dem Microsoft-Account, auch Microsoft Exchange lässt sich hier einrichten.
- **Klang** – Unter diesen Einstellungen passen Sie die Lautstärke der Systemklänge an sowie die des Mikrofons. Auch lässt sich hier die maximale Lautstärke der Lautsprecher erhöhen.
- **Energie** – Diese Einstellungen sind vor allem für Laptops interessant, um den Akku länger laufen zu lassen.
- **Anzeigegeräte** – Einstellungen für den Monitor. Unter anderem lässt sich Ubuntu hier für große Bildschirme optimieren (Icons, Schriften und Schaltflächen lassen sich größer darstellen, ohne die Qualität zu verringern).
- **Drucker** – Hier lässt sich der oder die Drucker einrichten, auch Netzwerkdrucker werden schnell erkannt (siehe Abbildung 3.11).
- **Barrierefreiheit** – Verschiedene Einstellungen für eingeschränkte und behinderte Personen. Unter anderem lässt sich hier eine Bildschirmtastatur für Touchscreens einrichten.
- **System** – Hier lassen sich neue Benutzer-Accounts erstellen und deren Rechte am System anpassen. Des Weiteren können Sie die Sprache des Systems ändern, ebenso die Zeitzone. Auch lässt sich hier SSH (Secure Shell aktivieren).

- **Anwendungen** – In diesen Einstellungen legen Sie fest, welche Anwendungen für bestimmte Zwecke automatisch starten sollen. Etwa welcher Webbrowser automatisch starten soll, wenn Sie einen Link anklicken.

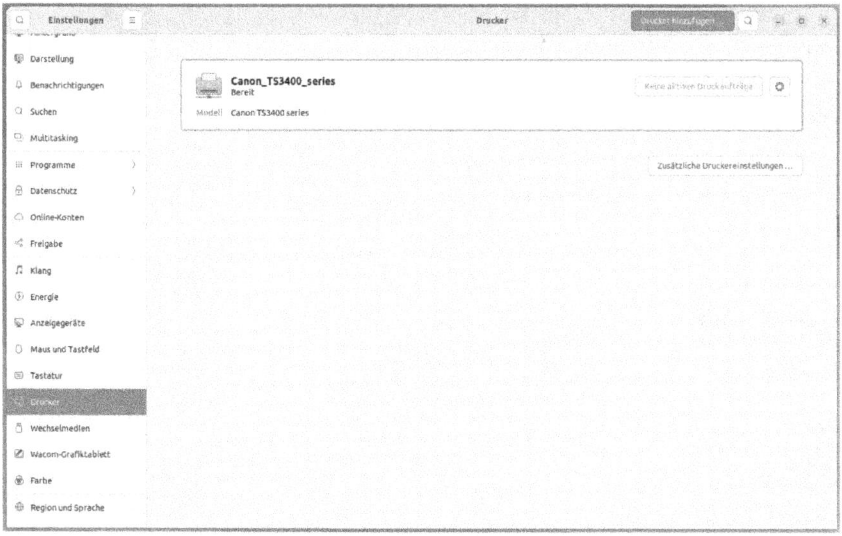

Abb. 3.11: Drucker unter Ubuntu einrichten

3.2.3 Eigene Icons im Dock

Die Entwickler von Ubuntu haben im Dock häufig genutzte Anwendungen als Icon – also als Starter – angelegt. Dazu zählen etwa der Webbrowser Firefox, der E-Mail-Client Thunderbird, der Dateimanager Nautilus und der Musikplayer Rhythmbox. Wollen Sie aber beispielsweise Rhythmbox nie nutzen, ist das Icon fehl am Platz.

Nicht gewünschte Icons klicken Sie mit der rechten Maustaste an und wählen den Eintrag LOSLÖSEN.

Um Icons von gewünschten Anwendungen in das Dock zu bringen, starten Sie diese. Dadurch landet das Icon der Anwendung im Dock. Klicken Sie es nun rechts an und wählen ZU FAVORITEN HINZUFÜGEN. Alternativ klicken Sie das Icon der Anwendung im Anwendungsmenü rechts an und wählen ANS DASH HEFTEN.

3.2.4 Mehr Desktop-Einstellungen

Möchten Sie noch tiefere Desktop-Einstellungen vornehmen, installieren Sie über die Paket-Verwaltung (mehr dazu in Abschnitt 5.2.2) die Software »gnome-tweaks«. Am einfachsten und schnellsten gelingt dies über das Terminal – dieses öffnen Sie aus dem Anwendungsmenü, indem Sie nach »Terminal« suchen oder die Tastenkombination Strg+Alt+T nutzen (mehr dazu in Abschnitt 4.3). Verwenden Sie anschließend den Befehl:

```
sudo apt update
sudo apt install gnome-tweaks
```

Sie finden diese Einstellungen anschließend im Anwendungsmenü unter dem Eintrag »Optimierungen« (siehe Abbildung 3.12).

Abb. 3.12: GNOME-Tweaks – mehr Einstellungen

Hier lassen sich beispielsweise andere Icons nutzen, mehr Informationen im Panel anzeigen – etwa zur Uhrzeit die Sekunden, die Wochennummer und dergleichen. Des Weiteren lässt sich die Größe der Schriften in den Fenstern anpassen oder Sie legen fest, welche Anwendungen automatisch bei Ihrer Anmeldung starten sollen.

3.2.5 GNOME Extensions – Erweiterungen

Wie schon öfter angedeutet, ist GNOME – also der Ubuntu-Standard-Desktop – sehr einfach aufgebaut. Manchen Benutzern fehlen diverse Funktionen, anderen gefällt das Anwendungsmenü nicht – aber alles lässt sich mittels sogenannter »Extensions« anpassen – auf Deutsch *Erweiterungen*. Um solche Extensions verwenden zu können, installieren Sie über die Paket-Verwaltung die Software »gnome-shell-extension-manager« (mehr dazu in Abschnitt 5.2.2).

Extensions finden sich unter *https://extensions.gnome.org/* zur einfachen Installation. Beim ersten Besuch der Webseite installieren Sie das angebotene Browser-Add-on und laden die Webseite neu. Hier finden sich nun zahlreiche Erweiterungen.

Sie öffnen den Link zur Erweiterung und finden dort einen Schalter – dieser steht auf »OFF«. Klicken Sie den Schalter an, damit dieser auf »ON« wechselt (siehe Abbildung 3.13).

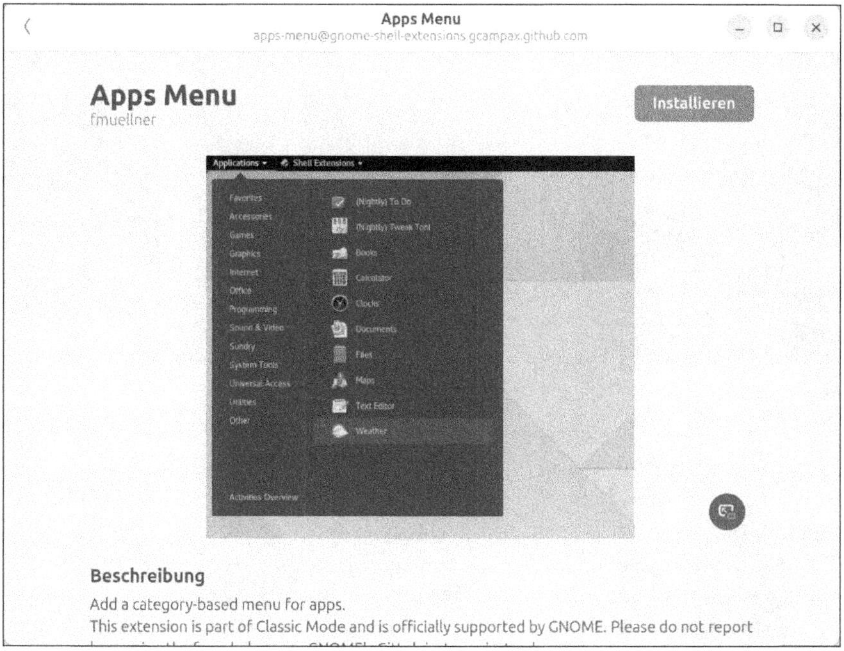

Abb. 3.13: GNOME Extensions installieren

Anschließend fragt das System nach, ob Sie die Erweiterung wirklich installieren möchten, Sie bestätigen dies natürlich. Nach wenigen Sekunden ist die Erweiterung automatisch aktiv.

So bringt etwa die Erweiterung »Applications Menu« ein klassisches Anwendungsmenü – einfach installieren und die Installation bestätigen, schon haben Sie ein Menü wie unter Windows oder unter anderen Desktop-Umgebungen (siehe Abbildung 3.14).

Es gibt Hunderte Erweiterungen für alle möglichen Zwecke und mit allen möglichen Funktionen. Es zahlt sich aus, sich ein wenig damit zu befassen, um Ubuntu mit GNOME an die eigenen Bedürfnisse anzupassen.

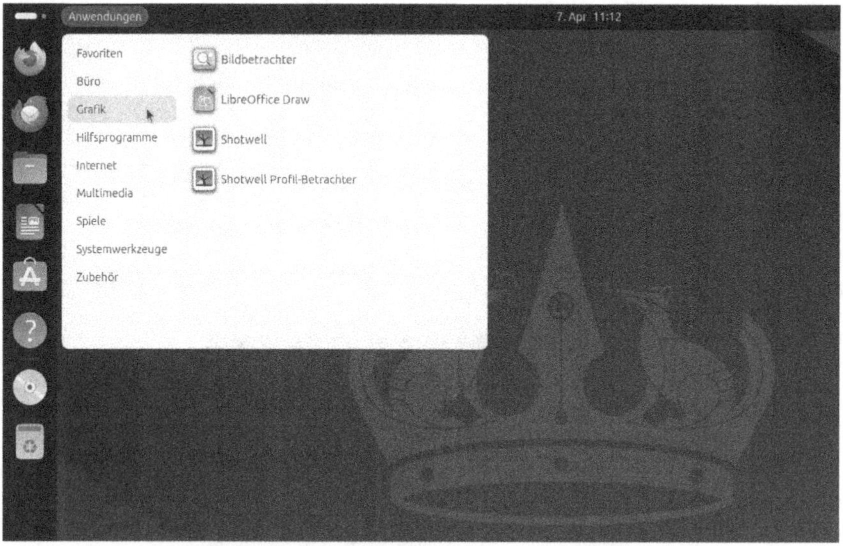

Abb. 3.14: Applications Menu – eine GNOME-Erweiterung

Um eine solche Erweiterung wieder zu deinstallieren, könnten Sie auf die Webseite zurückkehren und diese dort per Schalter wieder deaktivieren – dies ist natürlich umständlich. Ein einfacherer Weg führt über das Anwendungsmenü. Über die zuvor installierte Software lassen sich so Erweiterungen wieder deaktivieren/deinstallieren – suchen Sie dazu im Anwendungsmenü ganz einfach nach dem »Erweiterungs-Manager«. Hiermit lassen sich die Erweiterungen – ohne auf der Webseite zu suchen – wieder per Mausklick deaktivieren (siehe Abbildung 3.15).

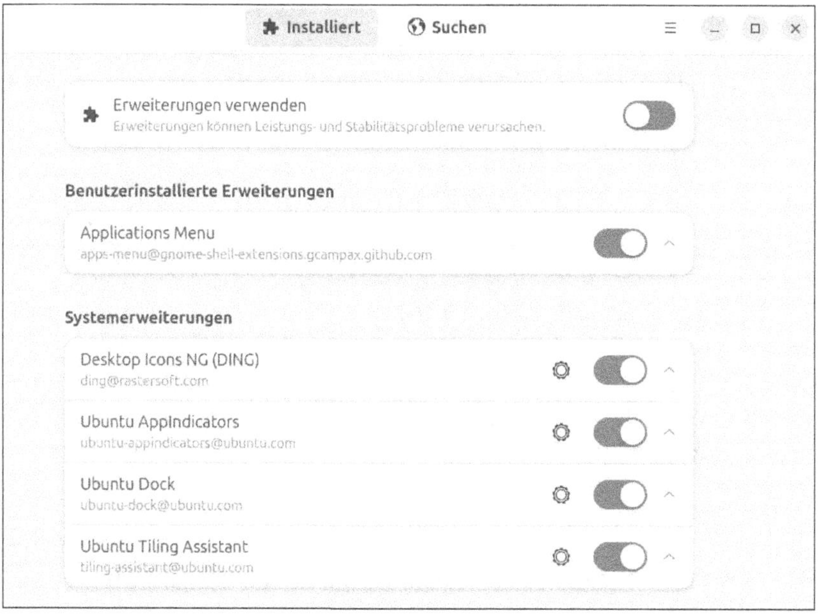

Abb. 3.15: Erweiterungen ganz einfach deaktivieren

3.2.6 Mehr Themes für Ubuntu

Unter Ubuntu gibt es nicht viele Themes, die GNOME richtig optisch verändern – das Standard-Theme nennt sich »Yaru«, die weiteren nennen sich nur wenig anders und sehen dementsprechend auch nur wenig anders aus. Haben Sie wie in Abschnitt 3.2.4 das Paket »gnome-tweaks« installiert und über die GNOME Erweiterungen (Abschnitt 3.2.5) die Erweiterung »user themes« (siehe *https://extensions.gnome.org/extension/19/user-themes/*), können Sie sich von der offiziellen GNOME-Webseite *https://www.gnome-look.org/browse/* weitere Themes (GTK3/4) und Icons besorgen.

Um solche Themes zu installieren, laden Sie die komprimierten Archive (ZIP) herunter und entpacken diese im Dateimanager per Rechtsklick. Jetzt legen Sie in Ihrem Home-Verzeichnis ein neues Verzeichnis für die Themen an – dieses nennt sich ».themes« – und ein weiteres für die Icons – dieses nennt sich ».icons«. In beiden Fällen nicht den Punkt vergessen. Durch den Punkt vor dem Verzeichnisnamen werden diese Verzeichnisse versteckt – Sie machen diese über das Menü mit dem Eintrag VERBORGENE DATEIEN ANZEIGEN sichtbar (siehe auch Abschnitt 4.1.1, »Das Home-Verzeichnis«).

Verschieben Sie die entpackten Verzeichnisse in die entsprechenden angelegten Verzeichnisse – anschließend lassen sich die Themen über den Eintrag »Optimierungen« im Anwendungsmenü und über ERSCHEINUNGSBILD|SHELL aktivieren.

3.3 Kleine Tipps rund um Ubuntu mit GNOME

In diesem Abschnitt finden Sie kleine Tipps, mit denen es möglich ist, produktiver mit Ubuntu und seiner Standard-Oberfläche GNOME zu arbeiten. GNOME ist vor allem sehr einfach gehalten – Sie sollen sich selbst als Linux-Einsteiger leicht in der grafischen Oberfläche zurechtfinden, um schnell damit produktiv arbeiten zu können.

GNOME ist für viele Dinge aber wieder zu einfach gehalten, so lässt sich der Desktop nur in geringem Umfang an die eigenen Bedürfnisse anpassen (siehe Abschnitt 3.2). Es fehlen hier und da die kleinen Hilfen, die das Arbeiten mit Ubuntu einfacher machen.

3.3.1 Clipboard Indicator – bessere Zwischenablage für Ubuntu

Die Zwischenablage von Ubuntu ist mit der von Windows vergleichbar. Sie kopieren, indem Sie etwa Text mit dem Mauszeiger markieren und mit dem Kontextmenü per Rechtsklick den Eintrag KOPIEREN wählen. Ebenfalls per Kontextmenü fügen Sie den kopierten Inhalt in der Zwischenablage an anderer Stelle wieder ein, alternativ nutzen Sie auch die unter Windows bekannten Tastenkombinationen [Strg]+[C] und [Strg]+[V].

In der Zwischenablage lässt sich jedoch nur ein einziger Eintrag speichern – sobald Sie einen neuen Eintrag kopieren, verschwindet der ältere.

Clipboard Indicator ist eine GNOME-Erweiterung (*Extension*, siehe Abschnitt 3.2.5), die es erlaubt, mehrere Einträge zur selben Zeit zu verwalten. Sie installieren diese Erweiterung über folgende Adresse:

https://extensions.gnome.org/extension/779/clipboard-indicator/

Nach der Installation finden Sie links neben dem Benutzermenü eine weitere Schaltfläche, mit einem linken Mausklick öffnen Sie die erweiterte Zwischenablage (siehe Abbildung 3.16).

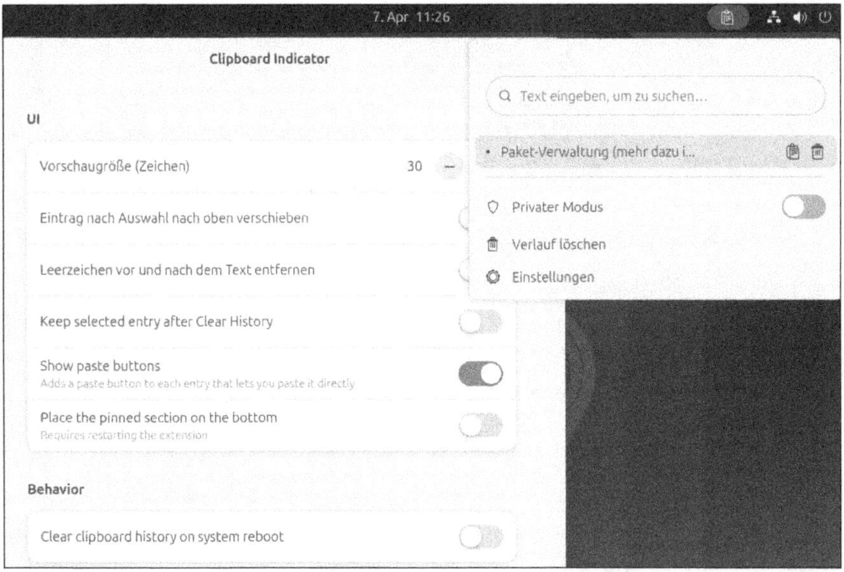

Abb. 3.16: Clipboard Indicator – erweiterte Zwischenablage für Ubuntu

Öffnen Sie den Clipboard Indicator, zeigen sich darin alle nach der Installation dieser Software kopierten Texte, Bilder, Adressen und so weiter der Reihe nach aufgelistet. Markieren Sie einen solchen Eintrag und nutzen anschließend das Einfügen per Kontextmenü mit der Maus oder mit der Tastenkombination [Strg]+[V], wird nicht der letzte kopierte Eintrag eingefügt, sondern der in Clipboard Indicator markierte.

In den Einstellungen der Software lässt sich unter anderem die Anzahl der kopierten Einträge ändern. Standardmäßig sind dies 15 Einträge – kopieren Sie mehr als 15, verschwindet immer der älteste.

Die mittlere Maustaste – schnell kopieren und einfügen

Unter Windows ist die mittlere Maustaste (das Mausrad) gerade einmal dafür bekannt, dass sich der Link in einem neuen Tab öffnet, wenn man einen Link im Webbrowser damit anklickt. Unter Ubuntu können Sie damit jedoch auch schnell Text kopieren und einfügen. Dazu markieren Sie den gewünschten Text wie üblich mit der linken Maustaste, bewegen den Mauszeiger dann an die gewünschte Stelle im Dokument und klicken mit der mittleren Maustaste – der markierte Text wird dort eingefügt.

3.3.2 GSConnect – Ubuntu mit dem Smartphone verbinden

Über die GNOME-Erweiterung GSConnect lässt sich Ubuntu über WLAN mit dem Smartphone (Android) verbinden. So lassen sich Dateien mit dem Smartphone teilen und Nachrichten, die am Smartphone eingehen (SMS, WhatsApp und Co), unter Ubuntu anzeigen.

Sie installieren GSConnect über die GNOME-Erweiterungen (siehe Abschnitt 3.2.5) über die folgende Adresse:

https://extensions.gnome.org/extension/1319/gsconnect/

Zusätzlich erstellen Sie für das Protokoll »Kde Connect« in der Firewall GUFW (siehe Abschnitt 7.2) eine neue Regel – geben Sie im Suchfeld für die Anwendungen den Begriff »kdeconnect« ein und klicken Sie auf den Schalter HINZUFÜGEN. Auf dem Smartphone installieren Sie aus dem Google Play Store die App »KDE Connect«:

https://play.google.com/store/apps/details?id=org.kde.kdeconnect_tp

Wurde die Anwendung unter Ubuntu und auf dem Smartphone installiert und in der Firewall die Regel hinzugefügt, finden Sie im Benutzermenü unter Ubuntu einen neuen Eintrag – über die Einstellungen koppeln Sie das Smartphone mit Ubuntu. Über denselben Menüeintrag lassen sich Dateien auf das Smartphone senden oder über den Dateimanager auf das Smartphone zugreifen (Abbildung 3.17).

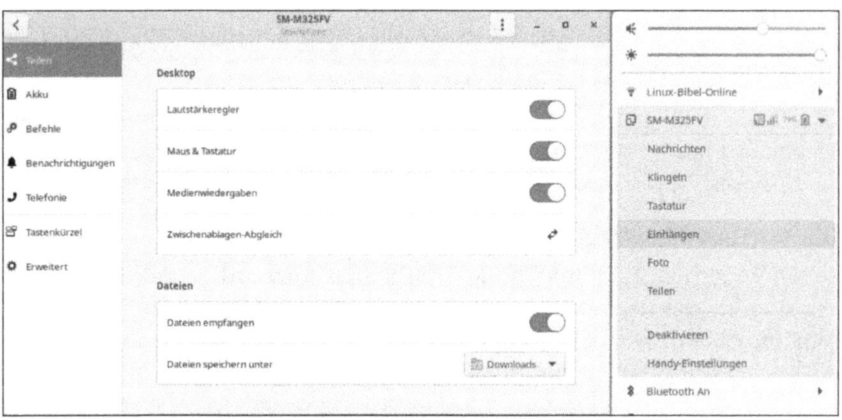

Abb. 3.17: GSConnect – Ubuntu mit dem Smartphone verbinden

Auf dem Smartphone finden Sie in den Einstellungen der App KDE Connect unter anderem die Dateifreigabe – hier legen Sie fest, auf welche Ordner Ubuntu auf dem Smartphone zugreifen darf.

3.3.3 Laufwerke – externe Datenträger formatieren und SMART-Werte auslesen

Um weitere Festplatten oder USB-Sticks zu formatieren, nutzen Sie am einfachsten die in Ubuntu vorinstallierte Software »Laufwerke«. Sie bauen die weitere Festplatte ein oder schließen den externen Datenträger an und starten anschließend die Software aus dem Anwendungsmenü heraus (Abbildung 3.18).

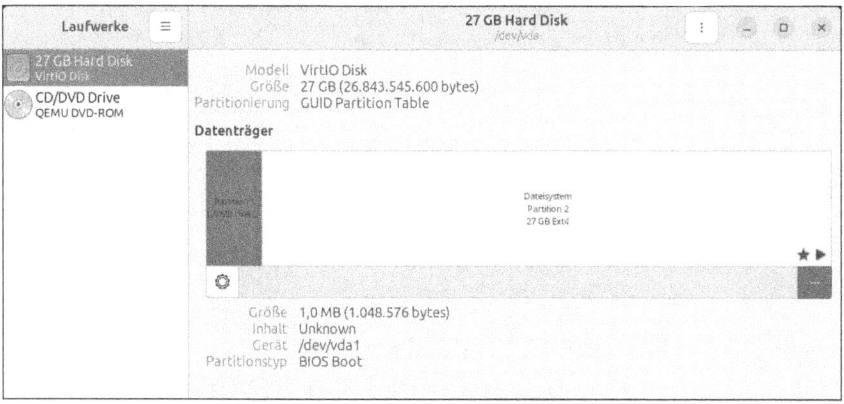

Abb. 3.18: Laufwerke – Datenträger unter Ubuntu formatieren

In der Liste links wählen Sie den Datenträger – wählen Sie nicht die orange markierten Einträge, diese gehören zum Ubuntu-System. Rechts sehen Sie anschließend den Inhalt des markierten Datenträgers. Mit den Schaltflächen unter der grafischen Aufteilung des Datenträgers löschen Sie bestehende Partitionen und erstellen neue.

Folgende Dateisysteme sind in sinnvollem Zusammenhang zu nutzen:

- **ext4 und btrfs** – Nur unter Linux und macOS nutzbar.
- **NTSF** – Unter Linux und Windows nutzbar.
- **FAT32** – Unter Linux, Windows und macOS nutzbar.
- **XFS** – Nur unter Linux nutzbar.

Um Datenträger unter Ubuntu formatieren zu können, dürfen diese nicht eingehängt sein (keine Anwendung, auch nicht das System, darf darauf zugreifen). Schließen Sie also alle Anwendungen, die auf den Datenträger zugreifen und klicken Sie anschließend auf den Stopp-Schalter in der Anwendung Laufwerke (siehe Abbildung 3.18 – das schwarze Viereck). Anschließend lassen sich mit dem roten Minus-Schalter rechts bestehende Partitionen löschen (die darauf liegenden Daten werden gelöscht). Mit dem Schalter mit dem Plus erstellen Sie neue Partitionen (siehe Abbildung 3.19).

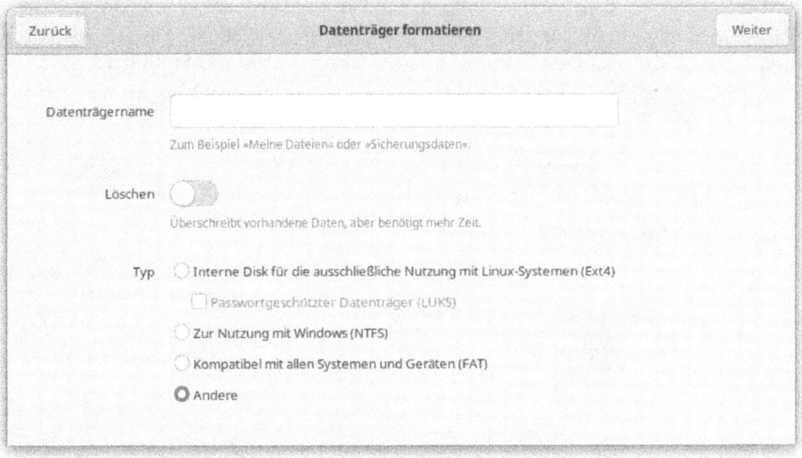

Abb. 3.19: Laufwerke – Datenträger unter Ubuntu formatieren

In den Einstellungen zur Formatierung lässt sich der Name des Datenträgers ändern und das Dateisystem auswählen – wenn gewünscht, lässt sich der Datenträger auch verschlüsseln (nur Linux). Über die Checkbox »Andere« lassen sich weitere Dateisysteme auswählen.

Im Menü der Software (rechts oben) lassen sich Abbilder des markierten Datenträgers erstellen – das komplette Dateisystem der markierten Partition wird dabei in eine Datei auf der Festplatte geschrieben. Sie können hiermit ein Backup einer kompletten Partition mit allen darauf liegenden Daten erstellen. Ein so erstelltes Datenträger-Abbild lässt sich aus demselben Menü wieder auf einen Datenträger schreiben (dieser muss natürlich mindestens so groß sein wie das erstellte Abbild). Zum Erstellen eines solchen Abbilds nutzen Sie den Eintrag LAUFWERKSABBILD ERZEUGEN und zum Schreiben eines Abbilds auf einen Datenträger den Eintrag LAUFWERKSABBILD WIEDERHERSTELLEN.

SMART-Werte von Datenträgern auslesen

Kein derzeit verfügbarer Datenträger (Festplatte, SSD, USB-Stick) hält ewig. Doch alle Datenträger (außer USB-Sticks) haben eine interne Kontrollfunktion – diese nennt sich SMART (Self-Monitoring, Analysis and Reporting Technology). Diese Technologie informiert Sie über den aktuellen Zustand des Datenträgers und kann dabei helfen; rechtzeitig etwa eine Datensicherung zu erstellen. Die Anwendung Laufwerke zeigt Ihnen die ermittelten SMART-Werte – markieren Sie in der Liste links den gewünschten Datenträger und öffnen im Menü rechts oben den Eintrag SMART-WERTE UND SELBSTTESTS (Abbildung 3.20).

Die Auswertung startet automatisch einen Selbsttest des Datenträgers und zeigt die Ergebnisse in einer langen Liste darunter an. Mit den Daten in der Liste muss man sich nicht unbedingt beschäftigen – es sollte die allgemeine Auswertung im Feld darüber genügen.

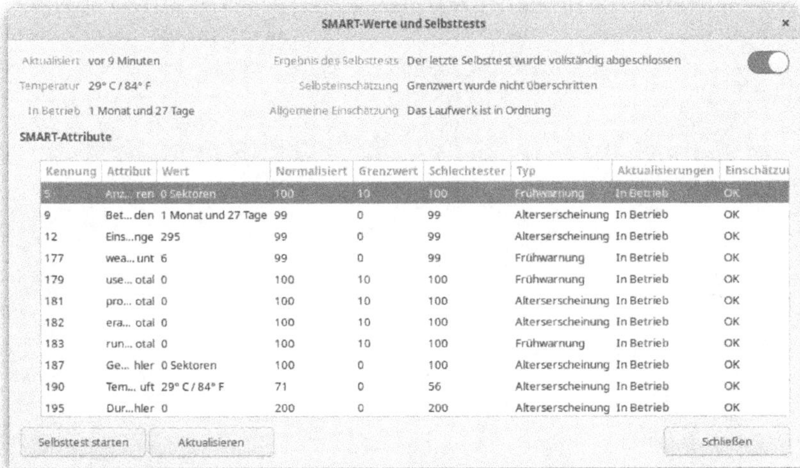

Abb. 3.20: SMART-Werte von Datenträgern unter Ubuntu anzeigen

Ein erweiterter Test lässt sich mit den Schaltern unter der Liste starten – ein solcher dauert jedoch mehrere Minuten. Die Unterschiede:

- **Normaler Test** – Der Datenträger wird schnell auf Fehler geprüft und sollte zeigen, ob dieser in nächster Zeit problemlos funktionieren wird.
- **Erweiterter Test (Selbsttest)** – Der Datenträger wird sehr gründlich geprüft. So testet die Software etwa auch, wie schnell der Datenträger auf

Aufgaben (lesen und schreiben) reagiert. Man erhält als Ergebnis einfach gesagt viel mehr Daten.

3.3.4 Alacarte – eigene Einträge im Anwendungsmenü

Appimages, also ausführbare Dateien, mit denen Programme gestartet werden können (siehe Abschnitt 5.2.4), werden in einem beliebigen Verzeichnis gespeichert und dann per Mausklick auf die Appimage-Datei gestartet. Sie hinterlassen keinen Eintrag im Anwendungsmenü – die Datei lässt sich zwar im Anwendungsmenü finden, wenn Sie danach suchen, aber beim reinen Durchblättern des Menüs ist die Datei nicht zu sehen.

Alacarte ist eine Software, mit der Sie eigene Einträge im Anwendungsmenü erstellen. Sie installieren diese Software ganz einfach über Ubuntu Software durch das Paket »alacarte« (mehr über Pakete erfahren Sie in Abschnitt 5.2.2).

Um eigene Einträge zu erstellen, klicken Sie links auf eine Kategorie und anschließend nutzen Sie rechts den Schalter NEUER EINTRAG (Abbildung 3.21).

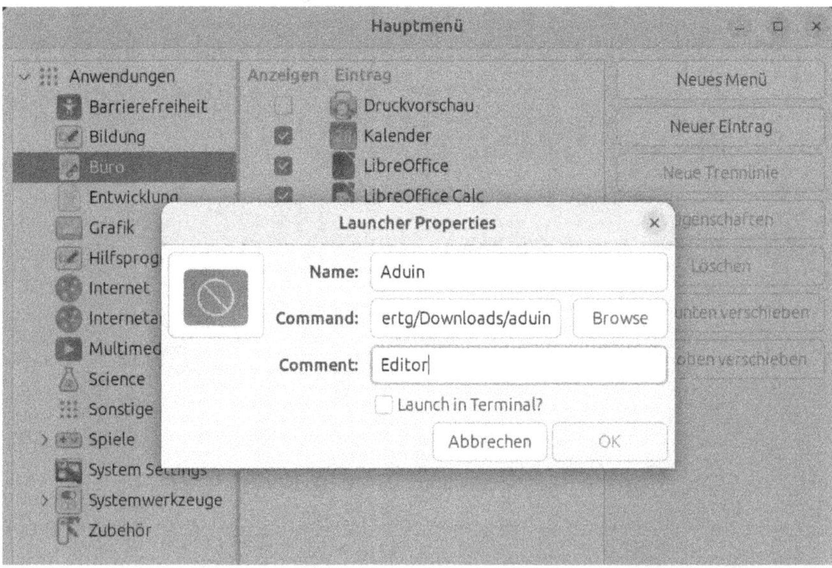

Abb. 3.21: Alacarte – eigene Einträge im Ubuntu-Anwendungsmenü erstellen

Im sich öffnenden Fenster geben Sie erst einen Namen für den Eintrag an – dies sollte natürlich der Name der Anwendung sein. Anschließend klicken Sie auf den Schalter BROWSE und im sich öffnenden Dateimanager wählen Sie die ausführbare Datei. Unter COMMAND lässt sich noch ein Kommentar angeben – im Ubuntu-Anwendungsmenü ist dieser jedoch nicht sichtbar. Zuletzt genügt ein Klick auf den Schalter OK. Mit Alacarte lassen sich auch bestehende Einträge löschen.

3.3.5 Der Schnellstarter – der Ausführen-Dialog

Unter Ubuntu haben Sie mehrere Möglichkeiten, Anwendungen zu starten: Erst einmal das Anwendungsmenü, das Sie mit [⊞]+[A] öffnen – alternativ klicken Sie im Dock links unten auf den Schalter mit den neun Punkten.

Eine weitere Möglichkeit bietet das Aktivitätenmenü – auch hier zeigt sich neben den geöffneten Fenstern und den virtuellen Arbeitsflächen ein Suchfeld für installierte Anwendungen. Das Aktivitätenmenü öffnen Sie mit der [⊞]-Taste.

Die dritte Möglichkeit wäre der Schnellstarter – auch als Ausführen-Dialog bekannt. Sie öffnen diesen mit der Tastenkombination [Alt]+[F2] (Abbildung 3.22).

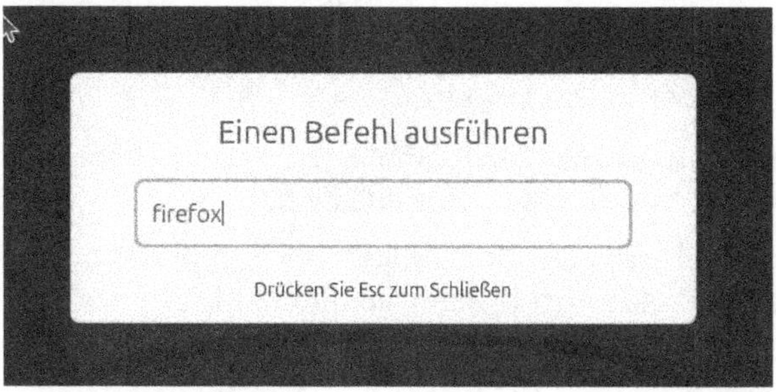

Abb. 3.22: Der Schnellstarter, Anwendungen schnell starten

Sie geben den Befehl zur Ausführung der Anwendung ein und bestätigen mit der [↵]-Taste. Der Befehl zum Start einer Anwendung lautet genauso wie der Name der Anwendung, jedoch kleingeschrieben.

3.4 Weitere Desktop-Umgebungen

Wie in Abschnitt 2.1 beschrieben, gibt es nicht nur das eine Ubuntu – es gibt sogar sehr viele. Diese unterscheiden sich meist durch die genutzte Desktop-Umgebung und durch die Auswahl der vorinstallierten Anwendungen. In diesem Abschnitt geht es speziell um Desktop-Umgebungen – also um die grafischen Oberflächen.

Unter Ubuntu ist der Standard-Desktop GNOME – er ist sehr einfach gehalten und lässt sich sehr einfach nutzen, Einsteiger werden damit überhaupt keine Probleme haben. Doch manchen Benutzern ist GNOME zu einfach – sie wollen mehr: mehr Einstellungen, mehr Desktop-Effekte.

Linux, also auch Ubuntu, ist modular aufgebaut – Sie können Ubuntu ganz ohne grafische Oberfläche nutzen. Sie können GNOME nutzen, aber auch eine ganz andere Desktop-Umgebung installieren und auf diese wechseln. So müssen Sie sich nicht vor der Installation entscheiden, ob Sie Ubuntu (GNOME-Desktop), Kubuntu (mit KDE Plasma als Desktop), Xubuntu (XFCE-Desktop) oder eine andere Ubuntu-Variante nutzen wollen.

Desktop-Umgebung

Eine Desktop-Umgebung ist eine grafische Oberfläche, auf der Sie mit der Maus arbeiten können – eine solche bietet Menüs zum Starten von Anwendungen und Einstellungen, um den Desktop anzupassen. Oft gibt es auch Anwendungen, die an eine Desktop-Umgebung optisch angepasst werden. Die drei bekanntesten Desktop-Umgebungen nennen sich GNOME, KDE Plasma und XFCE.

In den folgenden Abschnitten finden Sie die bekannteren Desktop-Umgebungen, deren Eigenschaften und Anleitungen zur Installation.

Um zwischen mehreren installierten Desktop-Umgebungen hin- und herzuwechseln, melden Sie sich vom aktuellen Desktop ab und wählen in den Einstellungen (der Schalter mit dem Zahnrad) beim Login auf den gewünschten Desktop.

3.4.1 KDE Plasma – klassisch und anpassbar

KDE Plasma ist der wohl meistgenutzte Desktop unter Linux. Es handelt sich hierbei gegenüber dem GNOME-Desktop um einen klassischen Desktop – dies bedeutet, Sie haben ein normales Anwendungsmenü und eine Leiste am unteren Bildschirmrand (Abbildung 3.23).

Anders als GNOME bietet KDE Plasma Einstellungen an allen Ecken und Enden, jedes noch so kleine Detail lässt sich per Mausklick ohne die Installation zusätzlicher Software anpassen. Der Desktop sprüht nur so vor Effekten und Animationen und es gibt ähnlich wie bei GNOME Unmengen an optisch an

KDE Plasma angepasster Software. Natürlich lassen sich auch GNOME-Anwendungen unter KDE Plasma problemlos nutzen.

Von der Hardware verlangt KDE Plasma nicht mehr als GNOME, mit 4 GB RAM Arbeitsspeicher und einem halbwegs modernen Prozessor kommt dieser Desktop problemlos klar. Unter den gleichen Voraussetzungen ist KDE Plasma sogar etwas schneller als GNOME.

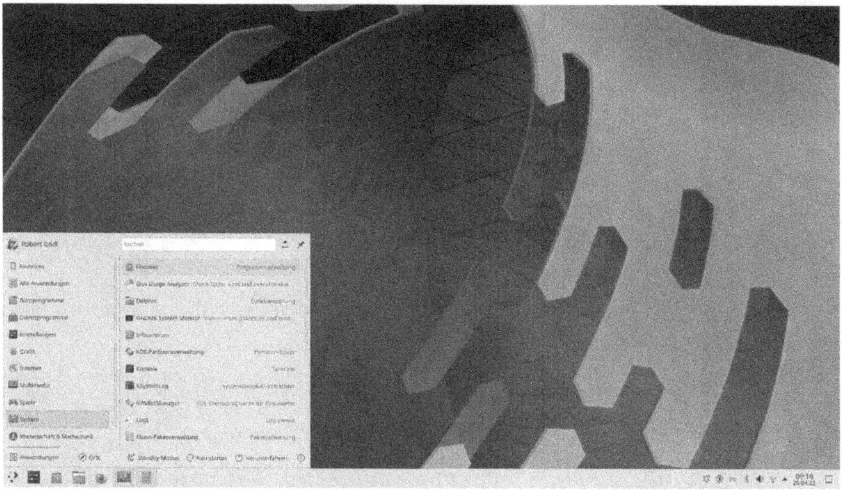

Abb. 3.23: KDE Plasma

Installiert wird KDE am einfachsten über das Terminal (dieses öffnen Sie aus dem Anwendungsmenü oder mit der Tastenkombination [Strg]+[Alt]+[T], siehe Abschnitt 4.3) mit dem Befehl (mit der zweiten Zeile installieren Sie zusätzliche und oft nützliche KDE-Anwendungen):

```
sudo apt install kubuntu-desktop
sudo apt install kde-full
```

Bei der Installation von KDE Plasma werden Sie gefragt, ob Sie den Login-Manager »GDM3« beibehalten oder auf »SDDM« wechseln möchten – Sie müssen SDDM nutzen, um zwischen GNOME und KDE Plasma wechseln zu können. Auswirkungen hat der Wechsel nur im optischen Sinn – der Bildschirm zum Anmelden an den Desktop sieht anders aus.

In vielen Linux-Foren werden Sie häufig auf die »Super«-Taste hingewiesen werden, wenn es um Tastenkombinationen geht. Unter Linux nennt sich die Windows-Taste ganz einfach »Super«.

Login-Manager

Der Login-Manager zeigt sich, bevor Sie sich an der grafischen Desktop-Umgebung anmelden – hier geben Sie also an, wer sich gerade anmelden will. Über den Login-Manager legen Sie auch fest, welche grafische Desktop-Umgebung Sie nutzen möchten.

Ubuntu nutzt den Login-Manager GDM3 – dieser lässt es jedoch nicht zu, die Desktop-Umgebung zu wechseln. Bei der Installation einer weiteren Desktop-Umgebung wird Ihnen der Wechsel zu einem anderen Login-Manager angeboten, dies sollten Sie annehmen. Probieren Sie mehrere Desktop-Umgebungen aus und haben schon GDM3 durch einen anderen ersetzt, ist es nicht mehr nötig, auf einen anderen zu wechseln (alle anderen Login-Manager bieten den Wechsel zwischen mehreren Desktop-Umgebungen an).

Möchten Sie KDE Plasma nach dem Ausprobieren wieder deinstallieren, nutzen Sie auf dem Terminal folgende Befehle:

```
sudo apt purge kubuntu-desktop
sudo apt autoremove
```

Der erste Befehl deinstalliert KDE Plasma und der zweite entfernt alle nicht mehr benötigten Abhängigkeiten.

3.4.2 XFCE – schlank und schnell

Gegenüber GNOME und KDE Plasma ist XFCE sehr schlank – der XFCE-Desktop benötigt viel weniger Ressourcen. Auch ältere und schwächere Computer haben mit dieser Desktop-Umgebung keine Probleme. Dies merken Sie schon beim Starten von Anwendungen – das System reagiert viel schneller.

Mit Abstrichen müssen Sie bei den möglichen Einstellungen und Desktop-Effekten rechnen. XFCE ist optisch recht kantig, es gibt keine Animationen – dafür überzeugt dieser Desktop mit Geschwindigkeit und mehr Einstellungen als GNOME. Auch hierbei handelt es sich um einen klassischen Desktop mit einer Leiste am oberen Bildschirmrand und einem normalen Anwendungsmenü (siehe Abbildung 3.24).

Die Leiste oben lässt sich per Rechtsklick auf die Leiste und der Wahl von EIGENSCHAFTEN im Kontextmenü natürlich auch an einen beliebig anderen Bildschirmrand legen.

Installiert wird XFCE am einfachsten am Terminal über den Befehl:

```
sudo apt install xubuntu-desktop
```

Bei der Installation von XFCE werden Sie gefragt, ob Sie den Login-Manager »GDM3« durch »XDM« ersetzen möchten – Sie müssen auf XDM wechseln, um zwischen GNOME und XFCE wechseln zu können.

Um XFCE wieder zu deinstallieren, nutzen Sie auf dem Terminal folgende Befehle:

```
sudo apt purge xubuntu-desktop
sudo apt autoremove
```

Abb. 3.24: XFCE

3.4.3 Cinnamon – einfach und beliebt bei Windows-Umsteigern

Die Desktop-Umgebung Cinnamon ist gerade bei Windows-Umsteigern recht beliebt. Der Grund ist, dass dieser Desktop optisch Ähnlichkeit mit Windows hat und einfach zu nutzen ist. Gegenüber KDE Plasma werden Sie von Einstellungsmöglichkeiten nicht erschlagen (siehe Abbildung 3.25). Bei der Nutzung einer NVIDIA-Grafikkarte ist es unerlässlich, den Grafikkarten-Treiber des

Herstellers zu installieren (siehe Abschnitt 5.3), ansonsten wird der Prozessor stark belastet.

Unter Cinnamon können Sie per Mausklick sogenannte *Desklets* auf den Desktop legen – solche können etwa Ihre gespeicherten Bilder anzeigen, eine Uhr oder das Wetter. Sie finden diese Desklets in den Einstellungen dieser Desktop-Umgebung, sogenannte *Erweiterungen* gibt es für die Leiste am unteren Bildschirmrand und sie sind ebenfalls in den Einstellungen zu finden.

Sie installieren diese Desktop-Umgebung am einfachsten auf dem Terminal durch den Befehl:

```
sudo apt install cinnamon-desktop-environment
```

Abb. 3.25: Cinnamon – windowsähnlicher Desktop

Bei der Installation von Cinnamon werden Sie gefragt, ob Sie auf den Login-Manager »Lightdm« umsteigen und »GMD3« damit ersetzen möchten. GDM3 lässt es nicht zu, auf eine andere Desktop-Umgebung zu wechseln, Sie müssen also auf Lightdm umsteigen.

Um Cinnamon wieder zu entfernen, nutzen Sie folgende Befehle:

```
sudo apt purge cinnamon-desktop-environment
sudo apt autoremove
```

3.4.4 Mate – schlank, für GNOME-2-Nutzer

GNOME (siehe Abschnitt 3.1) ist der Standard-Desktop von Ubuntu und hat vor Version 3 optisch ganz anders ausgesehen. Die radikale optische Umstellung brachte viele Benutzer dazu, auf eine andere Desktop-Umgebung umzusteigen. Auch benötigte die ältere Version dieses Desktops viel weniger Hardwareressourcen. So ist GNOME in den älteren Versionen problemlos mit 1 GB RAM ausgekommen.

Entwickler haben sich einfach den alten Quellcode von GNOME der Versionen 2 genommen und ihn weiterentwickelt, diverse Anwendungen umbenannt (um der aktuellen GNOME-Version nicht in die Quere zu kommen) und so die ältere Version dieser Desktop-Umgebung unter dem Namen »Mate« wieder nutzbar gemacht (siehe Abbildung 3.26).

Abb. 3.26: Mate – schlank und einfach

Mate besitzt zwei Leisten – in der oberen findet sich das Anwendungsmenü und in der unteren zeigen sich die geöffneten Fenster (Fensterleiste). Per Rechtsklick in die jeweilige Leiste lassen sich diese anpassen – so finden Sie in den Einstellungen im Kontextmenü viele sogenannte Applets. Applets bieten beispielsweise Informationen über die Auslastung der Hardware oder auch aus dem Internet, wie etwa dem Wetterbericht.

Sie installieren diese Desktop-Umgebung am einfachsten über das Terminal durch den Befehl:

```
sudo apt install mate-desktop-environment
```

Bei der Installation von Mate werden Sie gefragt, ob Sie auf den Login-Manager »Lightdm« umsteigen und »GMD3« damit ersetzen möchten. GDM3 lässt es nicht zu, auf eine andere Desktop-Umgebung zu wechseln, Sie müssen also auf Lightdm umsteigen.

Um Mate wieder entfernen, nutzen Sie die Befehle:

```
sudo apt purge mate-desktop-environment
sudo apt autoremove
```

3.4.5 Weitere Desktop-Umgebungen und Fenstermanager

Nun kennen Sie die bekanntesten Desktop-Umgebungen unter Ubuntu, es gibt aber auch noch die ressourcenschonenderen Fenstermanager. Da Ubuntu auf Debian basiert, verfügt Ubuntu auch über dessen komplettes Software-Archiv – und daher auch über viele weitere Desktop-Umgebungen und Fenstermanager.

Fenstermanager

Eine Desktop-Umgebung bietet neben einer grafischen Oberfläche auch verschiedene auf die Umgebung angepasste Software und Einstellungen. Fenstermanager hingegen sind minimal ausgestattet und belegen nur sehr wenig Speicher auf der Festplatte und im Arbeitsspeicher und sind daher auch extrem schnell. Einstellungen nimmt man meist über Konfigurationsdateien mit einem Texteditor vor. Ihr Vorteil – selbst auf sehr alten Computern lässt es sich mit einem Fenstermanager sehr flüssig arbeiten.

Möchten Sie weitere grafische Desktop-Umgebungen und Fenstermanager ausprobieren, nutzen Sie am besten die grafische Paket-Verwaltung Synaptic (siehe Abschnitt 5.2.2) und suchen nach den Begriffen »desktop-environment« (Desktop-Umgebungen) und »window-manager« (Fenstermanager).

Kapitel 4

Das System Linux

In diesem Kapitel lesen Sie mehr über das eigentliche System. Ubuntu basiert auf Linux und dieses Betriebssystem unterscheidet sich in manchen Dingen doch sehr von Windows.

Sie erfahren, wo Ihre eigenen Daten liegen und wie Sie andere darauf zugreifen lassen. Ebenso lernen Sie, wie Sie administrative Aufgaben durchführen und mit dem Terminal arbeiten sowie Treiber für Drucker und Scanner installieren.

4.1 Die Verzeichnis-Hierarchie – wo ist was zu finden?

Linux – also Ubuntu – ist um einiges anders aufgebaut als Windows, speziell in der Verzeichnis-Hierarchie.

Verzeichnis-Hierarchie oder Dateisystem?

In vielen Computerzeitschriften, aber auch auf vielen einschlägigen Webseiten, wird vom »Dateisystem« gesprochen, wenn es um den Aufbau der Systemverzeichnisse geht. Als »Dateisystem« wird jedoch das Format bezeichnet, mit welchem man einen Datenträger formatiert – etwa »ntfs« unter Windows oder »ext4« wie auch »btrfs« unter Linux. In diesem Buch wird also der Begriff »Verzeichnis-Hierarchie« verwendet, wenn es um die Verzeichnisse (Ordner) geht.

Unter Windows scheint alles sehr einfach zu finden zu sein – Sie öffnen den Arbeitsplatz und alle Ordner, Partitionen und angeschlossenen oder eingelegten Datenträger sind darin zu sehen. Doch ganz so einfach ist auch Windows nicht aufgebaut. Windows versteckt Ordner im Dateimanager (Windows Explorer), um die wichtigen Ordner schneller auffindbar zu machen und den Benutzer nicht zu verwirren.

Ubuntu scheint aus dieser Sicht etwas umständlicher aufgebaut – dabei ist die Verzeichnis-Hierarchie hier sogar logischer. Unter Ubuntu hat alles seine vorgesehenen Ordner, in jedem einzelnen Ordner des Systems haben nur gewisse Dateien etwas zu suchen. So sind etwa ausführbare Dateien nur in dafür bestimmten Ordnern zu finden und Dateien zur Konfiguration des Systems wiederum nur in dafür vorgesehenen Ordnern.

Unter Ubuntu gibt es erst einmal das sogenannte Wurzelverzeichnis – in diesem Ordner ist das komplette System installiert. Alle weiteren Ordner des Systems liegen in diesem wichtigsten Ordner überhaupt. Im Wurzelverzeichnis – von vielen auch fälschlicherweise als »root« bezeichnet – finden Sie auch Ihr Home-Verzeichnis (hier liegen Ihre privaten Dateien – dazu gleich mehr) sowie eingelegte und angeschlossene Datenträger. In Abbildung 4.1 sehen Sie das Wurzelverzeichnis von Ubuntu.

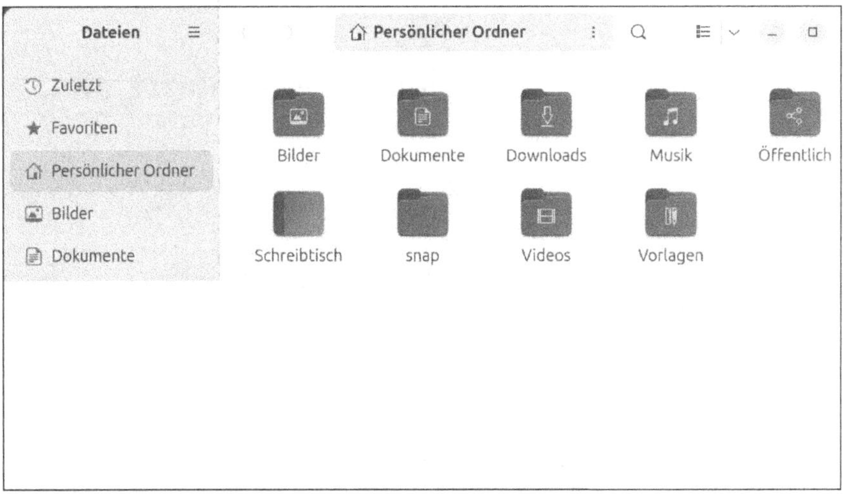

Abb. 4.1: Das Wurzelverzeichnis von Ubuntu

Folgende Liste zeigt den Inhalt der Verzeichnisse im Wurzelverzeichnis:

- **bin:** Beinhaltet wichtige ausführbare Dateien, die über Befehle (also vor allem am Terminal) genutzt werden. Die in diesem Verzeichnis liegenden Dateien können von jedem Benutzer ausgeführt werden.
- **boot:** Hier liegen die Installation des Bootloaders und dessen Konfiguration sowie die installierten Linux-Kernels.
- **dev:** Hierbei handelt es sich um ein sogenanntes *virtuelles Dateisystem*. Das bedeutet, die darin enthaltenen Dateien sind nur im Arbeitsspeicher vor-

handen. Diese Dateien ermöglichen dem System Zugriff auf die eingebaute und angeschlossene Hardware.

- **etc:** Eines der wichtigsten Systemverzeichnisse. Hier liegt die komplette Konfiguration des Systems und auch die Grundkonfiguration einiger wichtiger System-Anwendungen. Installieren Sie beispielsweise einen Webserver oder eine Datenbank, werden deren Konfigurationsdateien hier abgelegt. Von gewissen Anwendungen, wie zum Beispiel dem Terminal, findet sich in diesem Verzeichnis eine Grundkonfiguration. Sie als Benutzer können von solchen Anwendungen in Ihrem Home-Verzeichnis eine eigene Konfiguration anlegen, die daraufhin genutzt wird. Im Beispiel des Terminals liegt unter `etc` die Grundkonfiguration in der Datei `bashrc` – Sie können ohne administrative Rechte nicht an dieser Datei arbeiten, um die Einstellungen des Terminals anzupassen. Damit Sie trotzdem Ihr Terminal anpassen können, liegt in Ihrem Home-Verzeichnis eine weitere Datei namens `.bashrc` – sie hat den gleichen Inhalt wie die Datei unter `etc`. Bearbeiten Sie die Datei in Ihrem Home-Verzeichnis, wird diese von Ihnen modifizierte Datei genutzt.
- **home:** Das ist das Verzeichnis, in dem Sie die meiste Zeit arbeiten werden. In den Unterverzeichnissen liegen die privaten Daten der einzelnen Benutzer des Systems und die Einstellungen ihrer Anwendungen. Die meisten Einstellungen in diesem Verzeichnis sind versteckt, das heißt, Sie können sie nur sehen, wenn Sie die Anzeige von versteckten Dateien über das Fenstermenü über VERBORGENE DATEIEN ANZEIGEN aktivieren (Dateimanager).
- **lib, lib32 und lib64:** In diesem Verzeichnis liegen die Firmware-Dateien, das heißt Dateien, die zur Steuerung der Hardware benötigt werden. Weiterhin finden Sie hier unter anderem Codecs für Multimedia-Formate.
- **lost+found:** Im besten Fall ist dieses Verzeichnis leer. Es ist nur dem Administrator zugänglich und enthält Dateien, die beispielsweise bei einem Systemabsturz vom System wiederhergestellt wurden.
- **media:** Schließen Sie externe Medien an, wie zum Beispiel externe Festplatten oder USB-Sticks, finden Sie deren Inhalt hier in den passenden Unterverzeichnissen. Dazu gehören auch CDs und DVDs.
- **mnt:** Hier liegt in entsprechenden Unterverzeichnissen der Inhalt weiterer Partitionen, die nicht zum eigentlichen System gehören, also etwa die Partitionen anderer installierter Linux-Distributionen oder auch die einer möglicherweise vorhandenen Windows-Installation. Auch Netzwerk-Verzeichnisse sind hier zu finden.

- **`opt`:** Der Speicherort für zusätzliche, nicht aus den Repositorien stammende Software.
- **`proc`, `run` und `sys`:** Hierbei handelt es sich wieder um virtuelle Dateisysteme. Die darin liegenden Dateien bieten Zugriff auf aktuelle Systeminformationen. Hauptsächlich werden sie vom System genutzt.
- **`root`:** Haben Sie für den Administrator während der Installation ein eigenes Passwort angelegt, werden hier für dessen Account die Einstellungen gespeichert. Nur der Administrator, also der Benutzer »root«, hat darauf Zugriff.
- **`sbin`:** Wie unter `bin` liegen auch hier ausführbare Dateien. Diese sind jedoch nur mit administrativen Rechten verwendbar.
- **`snap`:** Hier liegen über Snap installierte Anwendungen (siehe Abschnitt 5.2.1).
- **`tmp`:** In diesem Verzeichnis befinden sich die temporären Dateien, also solche, die vom System während der aktuellen Laufzeit genutzt und bei einem Neustart gelöscht werden.
- **`usr`:** Das Verzeichnis der zusätzlich installierten Anwendungen oder auch Desktop-Umgebungen. Grundsätzlich landet hier jegliche Software, die nicht direkt zum Funktionieren des Systems benötigt wird.
- **`var`:** Hauptsächlich liegen hier veränderliche Dateien, die jedoch nicht wie in einem virtuellen Dateisystem bei jedem Neustart gelöscht und neu angelegt werden sollen. Die Dateien in diesem Verzeichnis bleiben auch bei einem Neustart erhalten. Installieren Sie zum Beispiel einen Webserver, werden die Dateien der Webseiten hier in entsprechenden Unterverzeichnissen gespeichert.
- **`Weitere`:** Es gibt noch weitere Verzeichnisse, diese haben jedoch momentan keine Aufgabe und sind für zukünftige Funktionen vorgesehen, dies bedeutet ganz einfach, die Linux-Entwickler haben mit diesen Verzeichnissen etwas vor, beispielsweise in späteren Linux-Kernel-Versionen neue Funktionen oder Informationen darin bereitzustellen.

4.1.1 Das Home-Verzeichnis

Das Home-Verzeichnis ist der von Ihnen meist genutzte Ordner – hier liegen Ihre privaten Dateien, also Dokumente, Bilder, Videos, Musik-Dateien – alles was von Ihnen persönlich gespeichert wird. Jeder Benutzer von Ubuntu hat ein eigenes Home-Verzeichnis – diese liegen im Wurzelverzeichnis unter `home`. In Abbildung 4.2 finden Sie ein typisches Home-Verzeichnis.

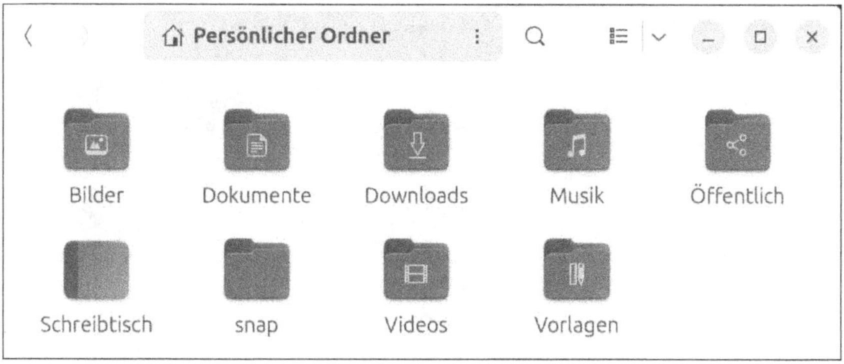

Abb. 4.2: Ein unter Ubuntu typisches Home-Verzeichnis

Ordner wie etwa Bilder, Dokumente, Musik und einige weitere sind unter Ubuntu bereits automatisch vorhanden – am besten legen Sie die passenden Dateien in die dafür vorgesehenen Ordner, so werden diese von entsprechenden Anwendungen automatisch gefunden.

Über den Eintrag ANDERE ORTE links in der Liste greifen Sie auf das Wurzelverzeichnis, also auf die Systemverzeichnisse, zu.

In Ihrem Home-Verzeichnis liegen nicht nur Ihre privaten Dateien und Dokumente – hier sind auch die Einstellungen der von Ihnen genutzten Anwendungen zu finden. Diese sind der Übersicht halber versteckt – so lassen sie sich etwa nicht unabsichtlich löschen.

Um versteckte Dateien und Verzeichnisse sichtbar zu machen, nutzen Sie im Dateimanager das Fenstermenü mit dem Eintrag VERBORGENE DATEIEN ANZEIGEN – siehe Abbildung 4.3.

Aktivieren Sie die Anzeige der versteckten Dateien, sehen Sie gleich viel mehr Dateien und Verzeichnisse und wie verwirrend dies sein kann – schnell ist eine solche Datei oder ein solches Verzeichnis im Papierkorb verschwunden, ein falscher Klick genügt.

Versteckte Dateien beginnen mit einem Punkt im Dateinamen oder Ordnernamen – also etwa `.config`. Speziell die Ordner `.config` und `.local` sind für die Einstellungen Ihrer genutzten Anwendungen zuständig – möchten Sie die Einstellungen einer Anwendung komplett zurücksetzen, schließen Sie die Anwendung und durchsuchen diese beiden Ordner. In einem der beiden finden sich dann meist Verzeichnisse oder zumindest eine einzelne Datei mit dem Namen der jeweiligen Anwendung – löschen Sie diese, werden auch die Einstellungen gelöscht.

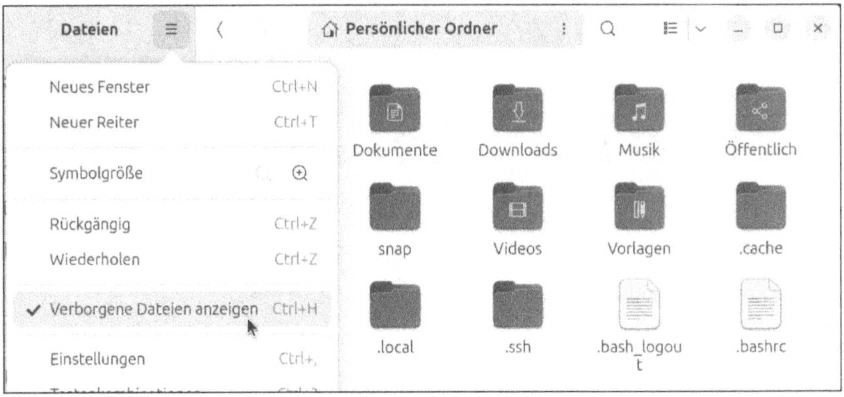

Abb. 4.3: Versteckte Dateien im Dateimanager

4.1.2 Rechte an Ihren Daten – Gruppen

Arbeiten mehrere Benutzer mit Ihrem Ubuntu, haben diese gewisse Rechte, Ihre Daten anzusehen. Sie brauchen im Dateimanager nur auf den Eintrag ANDERE ORTE in der Liste links zu klicken und den Ordner `Rechner` zu öffnen, darin wieder den Ordner `home`. Hier finden sich wie im Abschnitt 4.1.1 beschrieben die Home-Verzeichnisse der weiteren erstellten Benutzer. Jeder Benutzer hat hier einen Ordner mit seinem Login-Namen als Bezeichnung.

Standardmäßig kann jeder andere Benutzer viele Ihrer Ordner einsehen und die Dateien darin öffnen, jedoch nicht bearbeiten oder löschen. Sie können diese Rechte für jeden Ordner und für jede Datei einzeln anpassen – hierzu klicken Sie die Datei oder das Verzeichnis rechts an und öffnen den Eintrag EIGENSCHAFTEN (siehe Abbildung 4.4).

Klicken Sie auf den Reiter »Zugriffsrechte« – hier sehen Sie ganz oben den Besitzer des Ordners oder der Datei. Als Besitzer gelten Sie, wenn Sie die Datei oder den Ordner erstellt haben (auch wenn Sie die Datei aus dem Internet heruntergeladen oder von einem anderen Datenträger kopiert haben).

Als zweite Information sehen Sie hier die Gruppe – Gruppen dienen dazu, Rechte an Dateien und Ordnern einfacher zu regeln. So könnten Sie etwa die Gruppe »audio« erstellen, dieser Gruppe erteilen Sie das Recht, auf den Ordner »Musik« zuzugreifen, um die Dateien darin öffnen zu können.

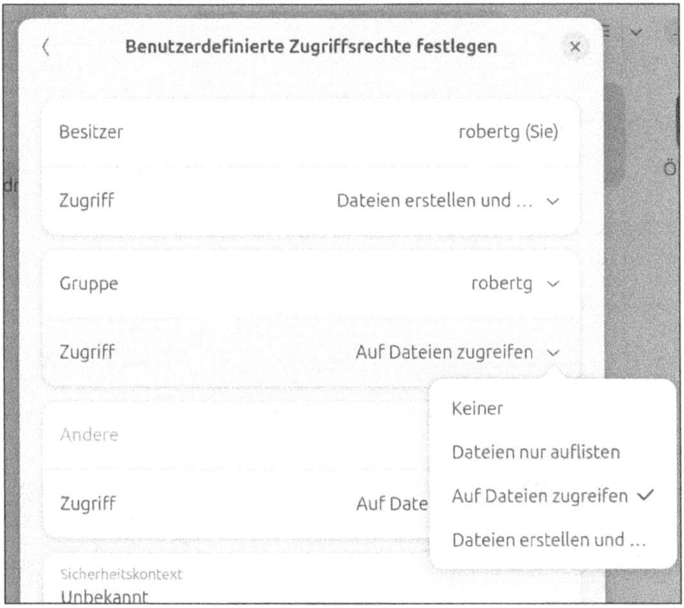

Abb. 4.4: Rechte an Dateien und Verzeichnissen anpassen

Die dritte Information – bezeichnet als **Andere** – regelt die Rechte für alle oben nicht Genannten.

Mit den jeweiligen Schaltern passen Sie die Rechte an den Dateien und Ordnern an. Folgende Rechte sind für Ordner vorhanden:

- **Keiner** – Niemand anderes als Sie selbst darf in den Ordner einsehen.
- **Dateien nur auflisten** – Die im Ordner liegenden Dateien und Ordner können zwar als Icon gesehen, aber nicht geöffnet werden.
- **Auf alle Dateien zugreifen** – Dateien und Ordner lassen sich öffnen, aber nicht verändern.
- **Dateien erstellen und löschen** – Dateien und Ordner lassen sich öffnen, bearbeiten, aber es können auch neue Dateien und Ordner angelegt und bestehende gelöscht werden.

Folgende Rechte sind für einzelne Dateien vorhanden:

- **Keiner** – Niemand anderes als Sie selbst kann die Datei öffnen.
- **Nur lesen** – Die Datei lässt sich öffnen, aber nicht bearbeiten.
- **Lesen und schreiben** – Die Datei lässt sich öffnen, aber auch bearbeiten und löschen.

Gruppen erstellen

Wie Sie in diesem Kapitel bereits gelesen haben, lassen sich mittels Gruppen die Rechte an Dateien und Ordnern schneller vergeben. Ansonsten müssten Sie für jeden Benutzer des Systems die Rechte einzeln vergeben. Da das sehr aufwendig ist, haben sich die Entwickler diese Funktion gleich gespart.

Um Gruppen zu erstellen oder solche zu löschen, müssen Sie als Administrator (siehe Abschnitt 4.2) am Terminal (siehe Abschnitt 4.3) arbeiten – auch um Benutzer zu vorhandenen Gruppen hinzuzufügen.

Um als Beispiel die Gruppe »audio« zu erstellen:

```
sudo addgroup audio
```

`addgroup` dient hier als Befehl, eine Gruppe zu erstellen. Anschließend geben Sie den Namen der Gruppe (kleingeschrieben) an.

Nachdem Sie eine Gruppe angelegt haben, können Sie Benutzer dieser Gruppe hinzufügen. Für jeden Benutzer muss diese Aufgabe einzeln erledigt werden. Im Beispiel gilt es, den Benutzer »user« der Gruppe »audio« hinzuzufügen:

```
sudo usermod -aG audio user
```

Hier dient `usermod` dazu, einen Benutzer einer Gruppe hinzuzufügen. Die Option `-aG` sorgt dafür, dass er nicht aus seinen vorhandenen Gruppen entfernt wird. Es folgt die Gruppe und anschließend der Benutzername.

4.2 sudo – der Administrator unter Ubuntu

Unter Ubuntu ist der bei der Installation des Systems erstellte Benutzer zugleich auch der Administrator – auch root genannt. Ein eigenes Konto für den Administrator anzulegen, dient der Sicherheit nicht – es ist eher umständlicher, denn Sie können ohnehin nur mit Ihrem Passwort administrative Tätigkeiten durchführen. Während Sie sich unter Windows bereits als Administrator anmelden können und für administrative Aufgaben das Administrator-Passwort nicht mehr angeben müssen, müssen Sie unter Ubuntu das Passwort immer angeben – ein extra Konto ist also unnötig.

Starten Sie grafische Anwendungen für administrative Aufgaben aus dem Anwendungsmenü, werden Sie automatisch nach dem Administrator-Passwort gefragt – dies kann je nach Anwendung gleich beim Start der Software geschehen oder erst beim Speichern oder Übernehmen der Änderungen.

Auf dem Terminal (siehe Abschnitt 4.3) müssen Sie, um administrative Befehle auszuführen, den Befehl gleich als Administrator starten. Dies gelingt, indem Sie dem Befehl den Befehl sudo voransetzen. Ein Beispiel für das Aktualisieren des Systems auf dem Terminal:

```
sudo apt update
[sudo] Passwort für benutzer:
sudo apt upgrade
```

Nach der ersten Befehlszeile wird Sie das System nach dem Passwort fragen – Sie geben das Passwort ein, Ubuntu wird sich Ihr Passwort für fünf Minuten merken (außer Sie starten das Terminal inzwischen neu), anschließend müssen Sie das Passwort erneut angeben.

Den Befehl sudo bei vielen administrativen Befehlen dem Befehl voranzusetzen, ist etwas umständlich. Nutzen Sie die Option `-i`, um dies nicht bei jedem Befehl tun zu müssen. Ein Beispiel:

```
sudo -i apt update
[sudo] Passwort für benutzer:
apt upgrade
apt clean
```

Nach einem `sudo -i` können Sie den Befehl `sudo` vor administrativen Befehlen einfach weglassen – alle folgenden Befehle werden automatisch mit administrativen Rechten ausgeführt. Alternativ starten Sie den Befehl separat:

```
sudo -i
```

Dies ist natürlich etwas gefährlich, denn schnell startet man unabsichtlich einen Befehl, den man eigentlich nicht als Administrator ausführen wollte. Sobald Sie alle administrativen Befehle gestartet haben, sollten Sie sich mit dem Befehl `exit` wieder als Administrator vom Terminal abmelden.

Wie schon beschrieben, kann nur der erste bei der Installation von Ubuntu erstellte Benutzer mit seinem Passwort auch administrative Befehle starten, so etwa das System aktualisieren und neue Anwendungen installieren. Möchten Sie weiteren Benutzern administrative Rechte geben, fügen Sie diese Benutzer der Gruppe »sudo« hinzu (siehe Abschnitt 4.1.2).

Um etwa den Benutzer »benutzer« zur Gruppe »sudo« hinzuzufügen, nutzen Sie den Befehl:

```
sudo usermod -aG sudo benutzer
```

4.3 Das Terminal – die Kommandozeile

Ubuntu wurde und wird entwickelt, um es vor allem Linux-Einsteigern einfach zu machen, Linux zu installieren und zu nutzen und ohne Terminal auszukommen. Hin und wieder ist aber auch unter Ubuntu das Terminal unumgänglich – etwa beim Erstellen von Gruppen, siehe Abschnitt 4.1.2. Auch wenn das System gröbere Probleme macht, ist das Terminal hilfreich.

Vor allem aber hat das Terminal viele Vorteile, denn vieles lässt sich auf dem Terminal schneller mit einem kurzen Befehl erledigen als mit vielen Klicks auf der grafischen Oberfläche (egal, ob unter Ubuntu oder Windows). Nehmen wir ein praktisches Beispiel: Sie möchten alle Bilder mit der Dateiendung `.jpg` aus dem Ordner `Bilder/Katze` in den Ordner `Bilder/Katze_neu` verschieben, alle PNG-Bilder sollen jedoch im alten Verzeichnis bleiben. Sie öffnen den grafischen Dateimanager, öffnen darin wieder den Ordner `Bilder` und den noch den darin liegenden Ordner `Katze`. Jetzt geben Sie in die Suche ».jpg« ein und markieren alle gefundenen Dateien, öffnen ein weiteres Fenster des Dateimanagers mit dem Ordner, in dem die Dateien landen sollen, und ziehen die Dateien in diesen.

Umständlich gegen den kurzen Befehl:

```
mv /Bilder/Katze/*.jpg /Bilder/Katze_neu/
```

Noch dazu – das Terminal bietet viele Vereinfachungen, mehr dazu in den folgenden Abschnitten.

4.3.1 Der Aufbau des Terminals und Grundlagen

Das Terminal ist sehr einfach aufgebaut. Sie sehen den Eingabeprompt – dieser besteht aus Ihrem Benutzernamen und dem Rechnernamen, getrennt von einem »@« (siehe Abbildung 4.5).

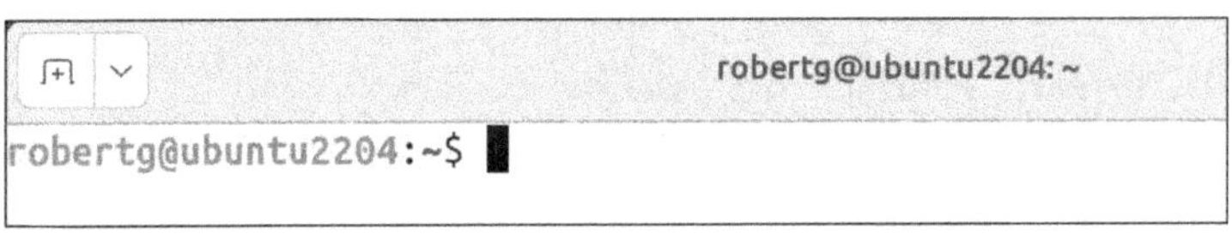

Abb. 4.5: Das Ubuntu-Terminal

Nach dem Rechnernamen folgt das Verzeichnis, in dem Sie sich auf dem Terminal gerade befinden – »:~$« zeigt Ihnen, dass Sie sich in Ihrem Home-Verzeichnis befinden. In Ihrem Home-Verzeichnis befinden Sie sich automatisch, wenn Sie das Terminal starten.

Am Eingabeprompt sehen Sie einen blinkenden Cursor – hier erwartet das Terminal Ihre Eingaben. Um einen Befehl zu starten, geben Sie diesen ein und drücken die [↵]-Taste.

Wichtig bei der Arbeit auf dem Terminal: Das Terminal unterscheidet zwischen Groß- und Kleinbuchstaben. Der Befehl `nautilus` und der Befehl `Nautilus` könnte zwei komplett verschiedene Aufgaben ausführen.

Geben Sie Befehle ein oder auch Dateinamen und Ordner-Namen, müssen Sie nicht die komplette Bezeichnung eingeben. Tippen Sie nur die ersten Zeichen ein und drücken dann die [Tab]-Taste. Gibt es keinen weiteren Befehl, keinen weiteren Ordner oder keine weitere Datei, die mit denselben Zeichen beginnen, wird das Terminal den Befehl oder die Namen automatisch vervollständigen. Ist dies nicht der Fall, drücken Sie die [Tab]-Taste noch einmal und das Terminal zeigt weitere Befehle, Dateien und Ordner an, die mit denselben Zeichen beginnen. Geben Sie einfach weitere Zeichen ein, bis keine andere Option mehr zutrifft.

4.3.2 Ordner-Inhalte anzeigen und in der Verzeichnis-Hierarchie navigieren

Eine der am häufigsten genutzten Funktionen des Terminals ist die Anzeige des Inhalts eines Ordners – hierzu nutzen Sie den Befehl `ls` (siehe Abbildung 4.6).

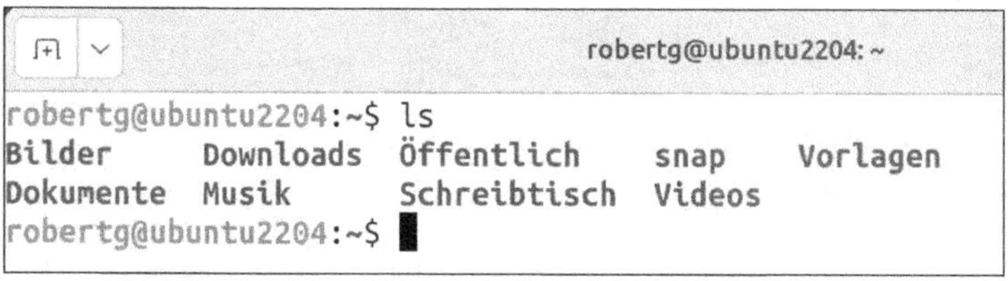

Abb. 4.6: Anzeige des Ordner-Inhalts am Terminal

Dateien und Ordner erscheinen in unterschiedlichen Farben: Verzeichnisse sind blau gehalten, normale Dateien einfach schwarz und ausführbare Dateien (Anwendungen, Skripte) rosa. Nachdem ein Befehl ausgeführt wurde, erscheint sofort der Eingabeprompt wieder und Sie können neue Befehle starten.

Um in einen Ordner zu wechseln, nutzen Sie den Befehl cd und geben einfach dessen Namen an. Den Namen des Ordners schließen Sie mit einem Slash »/« ab. Um etwa in den Ordner `Dokumente` zu wechseln:

```
cd Dokumente/
```

Beim Wechseln in Ordner können Sie auch mehrere Unter-Ordner überspringen – etwa:

```
cd Dokumente/Büro/PDF/
```

Bei Ordnern mit einem Leerzeichen – etwa `Bilder der Katze` – geben Sie das Leerzeichen durch einen Backslash »\« an, als Beispiel:

```
cd Bilder\ der\ Katze/
```

Um direkt in das Wurzelverzeichnis zu wechseln, geben Sie einfach den Slash an:

```
cd /
```

Auch hier ist es natürlich möglich, entsprechende Unterverzeichnisse anzugeben – etwa:

```
cd /etc/apt/sources.list.d/
```

Um schnell zurück in Ihr Home-Verzeichnis zu wechseln, genügt der einfache Befehl:

```
cd
```

4.3.3 Welche Befehle für welche Aufgaben? – Hilfe am Terminal und Optionen

Gerade als Einsteiger hat man es am Terminal schwer – welcher Befehl sollte für welche Aufgabe genutzt werden? Doch das Terminal bietet Ihnen Hilfe. Als Erstes müssen Sie natürlich wissen, was Sie eigentlich machen wollen.

Installieren von deutschen Terminal-Hilfen

Sie sollten für deutsche Hilfen am Terminal das Debian-Paket »manpages-de« installieren. Hiermit erhalten Sie eine umfassende deutsche Hilfestellung am Terminal – siehe folgende Befehle:

```
sudo apt update
sudo apt install manpages-de
```

Als Beispiel wollen Sie eine Datei in ein anderes Verzeichnis kopieren – nutzen Sie den Befehl apropos, um nach entsprechenden Befehlen zu suchen – im Beispiel (für Deutsche Ausgaben installieren Sie über die Paket-Verwaltung [mehr dazu in Abschnitt 5.2.2] das Paket »manpages-de«):

```
apropos kopieren
```

Als Ausgabe erhalten Sie alle Befehle, die mit dem genannten Begriff zu tun haben, inklusive einer kurzen Beschreibung (Abbildung 4.7).

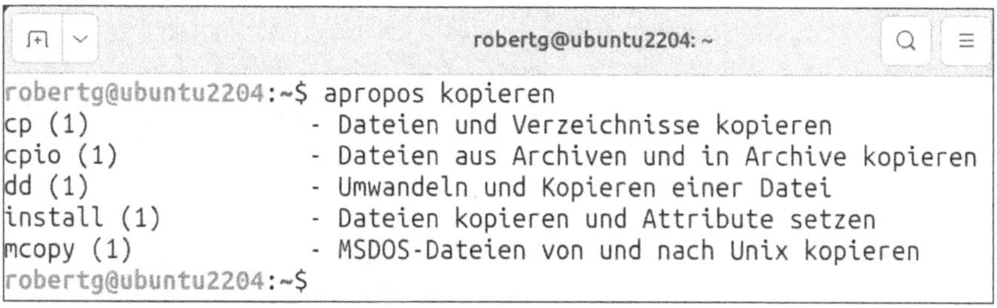

Abb. 4.7: Durch apropos gefundene Befehle

Nachdem Sie passende Befehle gefunden haben, können Sie sich deren Manpages ansehen – hierbei handelt es sich um Hilfeseiten für Befehle am Terminal, so gesehen Handbücher. Hierzu nutzen Sie den Befehl `man` inklusive des gesuchten Befehls – etwa für den Befehl `cp`:

```
man cp
```

In der Ausgabe erhalten Sie die Handbuchseite zum angegebenen Befehl (Abbildung 4.8).

```
robertg@ubuntu2204: ~
CP(1)                    Dienstprogramme für Benutzer                    CP(1)

BEZEICHNUNG
       cp - Dateien und Verzeichnisse kopieren

ÜBERSICHT
       cp [OPTION]… [-T] QUELLE ZIEL
       cp [OPTION]… QUELLE… VERZEICHNIS
       cp [OPTION]… -t VERZEICHNIS QUELLE…

BESCHREIBUNG
       Kopieren von QUELLE nach ZIEL oder mehrere QUELLE(n) in VERZEICHNIS.

       Die  obligatorischen  Argumente  für  Optionen sind für deren Kurz- und
       Langform gleich.

       -a, --archive
              Genau wie -dR --preserve=all

       --attributes-only
              Die Daten der Datei nicht kopieren, nur die Attribute
```

Abb. 4.8: Manpages – Hilfen zu Befehlen am Terminal

Als Erstes sehen Sie eine kurze Beschreibung, es folgen die Syntax des Befehls und eine ausführliche Beschreibung der Optionen des Befehls.

Sie scrollen durch die Hilfe am einfachsten mit den Pfeiltasten (auf und ab) und beenden die Hilfe mit der Taste [Q].

Optionen

```
robertg@ubuntu2204: ~
robertg@ubuntu2204:~$ ls
Bilder     Downloads  Öffentlich    snap     Vorlagen
Dokumente  Musik      Schreibtisch  Videos
robertg@ubuntu2204:~$ ls -a
.             .cache     .lesshst    Schreibtisch                Vorlagen
..            .config    .local      snap
.bash_logout  Dokumente  Musik       .ssh
.bashrc       Downloads  Öffentlich  .sudo_as_admin_successful
Bilder        .gnupg     .profile    Videos
robertg@ubuntu2204:~$ █
```

Abb. 4.9: Befehle mit Optionen

Viele Befehle lassen sich mit Optionen nutzen – solche Optionen dienen dazu, Befehle zu verfeinern. In den oben beschriebenen Manpages finden Sie die zu jedem Befehl passenden. Optionen werden meist nach einem Bindestrich »-«

genutzt. Ein Beispiel mit dem Befehl ls: Ohne Optionen zeigt dieser Dateien und Verzeichnisse im aktuellen Ordner, mit der Option -a auch verborgene Dateien und Ordner (siehe Abbildung 4.9).

4.3.4 Arbeiten mit Dateien und Ordnern am Terminal

Auch das Arbeiten mit Dateien am Terminal fällt schnell und einfach aus – wichtig ist dabei, dass Sie vor allem beim Löschen von Dateien darauf achten, was Sie wirklich löschen wollen. Dateien und Ordner werden beim Löschen nicht in den Papierkorb verschoben, sondern direkt gelöscht.

Arbeiten mit Systemdateien

Beim Arbeiten mit Dateien außerhalb Ihres Home-Verzeichnisses müssen Sie dem jeweiligen Befehl natürlich ein sudo voransetzen – nur in Ihrem Home-Verzeichnis haben Sie alle Rechte. Außerhalb dieses Verzeichnisses benötigen Sie administrative Rechte.

Dateien und Ordner löschen

Um eine einzelne Datei zu löschen, nutzen Sie den Befehl rm – zusätzlich geben Sie am Ende den Dateinamen inklusive Dateiendung an. Um etwa die Datei dateiname.jpg zu löschen:

```
rm dateiname.jpg
```

Auch mehrere Dateien lassen sich auf einen Schlag löschen, geben Sie diese durch ein Leerzeichen getrennt an, etwa:

```
rm dateiname.jpg dateiname_2.png dateiname.txt
```

Um alle Dateien mit der Dateiendung .jpg im aktuellen Ordner zu löschen:

```
rm *.jpg
```

Das Sternchen ersetzt einfach gesagt alles, was vor der Dateiendung steht.

Um einen Ordner samt Inhalt zu löschen, müssen Sie die Option -R nutzen – ansonsten wird der Befehl nur melden, dass der Ordner nicht gelöscht werden kann, da er nicht leer ist. Ein Beispiel für den Ordner Bilder:

```
rm -R Bilder/
```

Dateien und Ordner erstellen, verschieben und umbenennen

Mit dem Befehl mkdir lassen sich am Terminal Ordner erstellen. Geben Sie einfach den Namen des zu erstellenden Ordners an, etwa:

```
mkdir Bilder
```

Da der Befehl nur zum Erstellen von Ordnern dient, brauchen Sie keinen Slash anzugeben. Auch lassen sich ganze Verzeichnis-Hierarchien erstellen – also Ordner mit Unter-Ordnern – hierzu nutzen Sie die Option `-p`. Ein Beispiel:

```
mkdir -p Bilder/Katzen/Langhaarkatzen/
```

Mit dem Befehl mv lassen sich Dateien und Ordner verschieben und umbenennen. Um einen Ordner oder eine Datei umzubenennen, geben Sie zuerst den originalen Dateinamen an, anschließend den neuen – als Beispiel:

```
mv Alter_Name.jpg Neuer_Name.jpg
```

Dasselbe bei einem Ordner:

```
mv Alter_Ordnername/ Neuer_Ordnername
```

Bei der neuen Bezeichnung von Ordnern lassen Sie den Slash weg – ansonsten wird dieser Teil der neuen Bezeichnung.

Um Dateien und Ordner zu verschieben, geben Sie zu Beginn den Namen der Datei oder des Ordners an – anschließend den Ordner, in den er oder sie verschoben werden soll. Bei Ordnern müssen Sie zusätzlich die Option `-R` nutzen. Beispiele:

```
mv Dateiname.jpg Bilder/Katzen/
```

```
mv -R Verzeichnis/ Dokumente/Büro/
```

Auf dieselbe Art wie `mv` arbeitet auch der Befehl cp – mit diesem lassen sich Ordner und Dateien an andere Stellen kopieren. Dies gelingt jedoch nicht, indem Sie zuerst kopieren und anschließend an anderer Stelle einfügen – Sie geben gleich den gewünschten neuen Bestimmungsort an. Bei Ordnern geben Sie wie beim Befehl `mv` die Option `-R` an, um auch den Inhalt eines Ordners zu kopieren. Beispiele:

```
cp Dateiname.pdf Dokumente/Büro/PDF/
```

```
cp -R Verzeichnis/ Bilder/Katzen/Langhaarkatzen/
```

Textdateien am Terminal bearbeiten

Textdateien bearbeiten Sie am Terminal am einfachsten mit dem bereits vorinstallierten Texteditor »nano«. Eine bereits bestehende Textdatei geben Sie ganz einfach an. Liegt diese im Ordner, in dem Sie sich am Terminal aktuell befinden, brauchen Sie den Pfad dazu nicht anzugeben. Etwa:

```
nano .bashrc
```

Befinden Sie sich am Terminal nicht im selben Ordner, geben Sie den Pfad zur Datei an, ein Beispiel:

```
nano /etc/fstab
```

Besteht die angegebene Textdatei noch nicht, wird diese beim Speichern mit dem Editor automatisch angelegt. Die Datei öffnet sich im Editor, in diesem arbeiten Sie wie in jedem anderen grafischen Texteditor auch – die Maus können Sie jedoch nicht nutzen (siehe Abbildung 4.10).

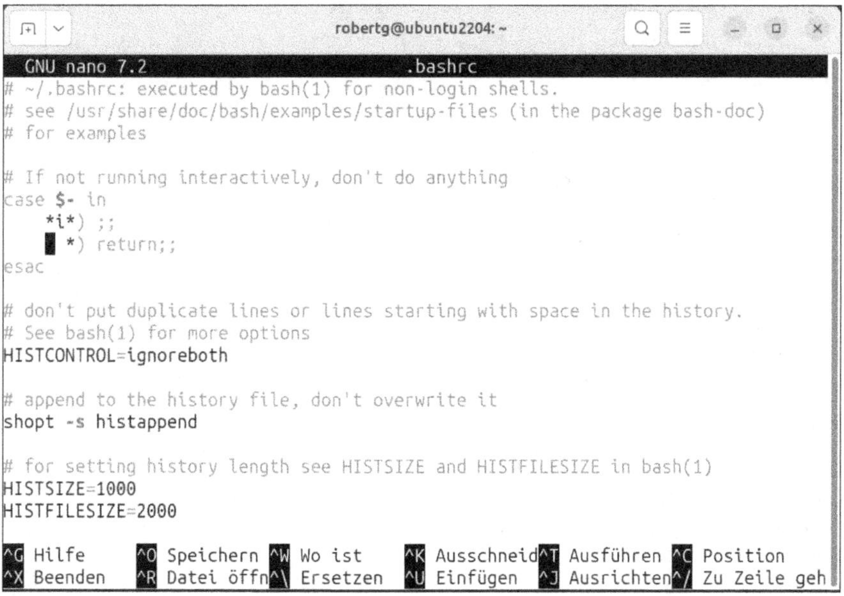

Abb. 4.10: Terminal-Texteditor nano

4.3.5 Kopieren und Einfügen am Terminal

Kopieren und Einfügen funktioniert am Terminal nicht mittels der gewohnten Tastenkombinationen [Strg]+[C] und [Strg]+[V]. Um vom Terminal zu kopieren, markieren Sie erst die Zeile oder die Zeilen, klicken anschließend rechts – egal wo – in das Terminal und wählen im Kontextmenü den Eintrag KOPIEREN.

Das Einfügen am Terminal funktioniert ebenso einfach. Sie nutzen das Kontextmenü per Rechtsklick irgendwo im Terminal – eingefügt wird automatisch am Eingabeprompt – und nutzen den Eintrag EINFÜGEN.

4.4 Druckertreiber und Scannertreiber

In Abschnitt 5.3 lesen Sie, wie Sie wichtige Treiber für die Grafikkarte und WLAN sowie andere Hardware per Mausklick installieren. Viele Drucker und Scanner funktionieren unter Ubuntu bereits ohne die Installation weiterer Treiber. Ausnahmen gibt es jedoch leider immer.

Funktioniert der Drucker nicht automatisch, gehen Sie auf der Webseite des Herstellers der Hardware auf die Suche. Meist hilft eine Suche mit einer Suchmaschine mit den Begriffen »hardware-hersteller modell driver«.

Bei den heruntergeladenen Dateien handelt es sich größtenteils um komprimierte Archive und die Treiber sind nicht ganz so einfach per Mausklick zu installieren. Sie entpacken zunächst das komprimierte Archiv per Rechtsklick und wechseln in den entpackten Ordner.

Die entpackten Ordner enthalten größtenteils mehrere Dateien – Sie suchen nach Dateien mit der Bezeichnung »install.run« oder »install.sh«. Per Rechtsklick auf die Datei öffnen Sie das Kontextmenü und nutzen den Eintrag EIGENSCHAFTEN. Wechseln Sie auf den Reiter ZUGRIFFSRECHTE und kontrollieren, ob hier die Checkbox »Datei als Programm ausführen« aktiv ist – ist dies nicht der Fall, aktivieren Sie die Funktion.

Sie öffnen anschließend das Terminal per Rechtsklick an eine freie Stelle im Dateimanager und führen die Datei aus – natürlich mit administrativen Rechten – etwa:

```
sudo install.run
sudo install.sh
```

Je nach Hersteller wird der Treiber anschließend ganz automatisch installiert oder Sie müssen ein paar Angaben machen. Der Assistent zur Installation leitet Sie durch die Installation. Lesen Sie sich die Optionen durch, meist geben Sie Angaben durch entsprechende vorgegebene Zifferntasten ein. Nach der Installation der Treiber ist der Drucker in den Einstellungen von GNOME verfügbar.

Kapitel 5

Software unter Ubuntu verwalten

Ubuntu basiert grundsätzlich erst einmal auf Linux – dies bedeutet, es nutzt den Linux-Kernel als Kern des Betriebssystems. Außerdem basiert es seit Jahrzehnten auf Debian – von diesem Debian bezieht es auch das grundlegende System. Also – Linux-Kernel als Kernel und der Rest vom System stammt von Debian.

Linux hat aber viele Abhängigkeiten – um eine Anwendung zu installieren, sind oft viele weitere Software-Pakete nötig. So wie etwa eine Anwendung Java als Bibliothek benötigt, können andere Anwendungen viele andere Bibliotheken voraussetzen. Dies macht es schwierig, aktuellere Anwendungen innerhalb eines Ubuntu-Releases zu installieren – die Anwendung und ihre Abhängigkeiten müssen zusammenpassen, ansonsten funktioniert die Anwendung nicht oder nur fehlerhaft.

Inzwischen hat Ubuntu neben dem DEB-Paket-Format von Debian ein eigenes Paket-Format namens »Snap« entwickelt – dieses macht es möglich, die eigentliche Software und deren Abhängigkeiten in eine einzige Datei zu packen. Für Entwickler und den Distributor ist es so viel einfacher, eine funktionierende Software für eine Distribution bereitzustellen.

Doch nicht nur Ubuntu hat sein eigenes Paket-Format entwickelt, auch Red Hat hat mit Flatpak sein eigenes Paket-Format, dazu gibt es noch das alte DEB-Format, Appimages und vieles mehr – unendlich viel Software für Ubuntu. Im folgenden Kapitel lesen Sie, wie Sie solche Software installieren.

5.1 Ubuntu aktuell halten

Ubuntu ist eine Mischung aus dem Paket-Format DEB von Debian – hieraus besteht das eigentliche System – und Snap – Software, die man gerne aktuell hat.

Zuerst sollten Sie das System und die darauf installierte Software natürlich aktuell halten – dies gelingt über die »Aktualisierungsverwaltung«. Sie finden diese im Anwendungsmenü unter dem gleichen Namen – diese Software hält System und Software, also auch Snap-Pakete, aktuell. Tun Sie dies nicht von selbst, wird Ubuntu Sie in Intervallen darauf aufmerksam machen (siehe Abbildung 5.1).

Abb. 5.1: Die Aktualisierungsverwaltung

Das System zeigt die vorhandenen Aktualisierungen, Sie brauchen nur noch auf den Schalter JETZT INSTALLIEREN zu klicken. Es ist möglich auszuwählen, welche Software-Pakete Sie aktualisieren möchten – hierfür dient die Checkbox vor jedem Paket. Entfernen Sie den Haken, wird das Paket auch nicht aktualisiert. Ich würde der Sicherheit wegen jedoch davon abraten, Software auszuschließen.

Sie können selbst festlegen, wie oft Ubuntu nach Aktualisierungen sucht – hierzu klicken Sie auf den Schalter EINSTELLUNGEN. Hier können Sie nicht nur das Intervall anpassen, in dem Ubuntu Aktualisierungen sucht, sondern auch festlegen, dass diese automatisch installiert werden.

Unter anderem lässt sich in diesen Einstellungen auch ein anderer Server festlegen, von dem die Aktualisierungen und weitere Software zur Installation heruntergeladen werden (siehe Abbildung 5.2). Dies ist vor allem dann nützlich, wenn Aktualisierungen oder die Installation von Software sehr langsam vor sich gehen. Sie sollten in den Einstellungen unter »Ubuntu-Anwendungen« alle Checkboxen bis auf »Quelltext« aktivieren, ansonsten lässt sich nicht jede unter Ubuntu verfügbare Anwendung installieren.

Gibt es eine neue Version von Ubuntu, wird Sie das System darauf hinweisen – die Aktualisierung auf die neue Version gelingt anschließend per Mausklick.

Ubuntu LTS wird fünf Jahre unterstützt – möchten Sie auf die Kurzzeit-Versionen (STS – Small Term Support) wechseln, erledigen Sie dies über die Einstellungen zur Aktualisierung auf dem Reiter AKTUALISIERUNGEN (siehe Abbildung 5.2). Hier wechseln Sie mit dem Schalter »Über neue Ubuntu-Versionen benachrichtigen« auf den Eintrag FÜR JEDE NEUE VERSION. Der Vorteil der STS-Version ist, dass Sie alle sechs Monate neueste Software erhalten, diese Versionen sind jedoch nicht unbedingt stabil. Es könnte also auch sein, dass etwas nicht funktioniert. Ein Wechsel zurück zur LTS-Version ist jedoch erst bei Erscheinen der nächsten LTS-Version möglich.

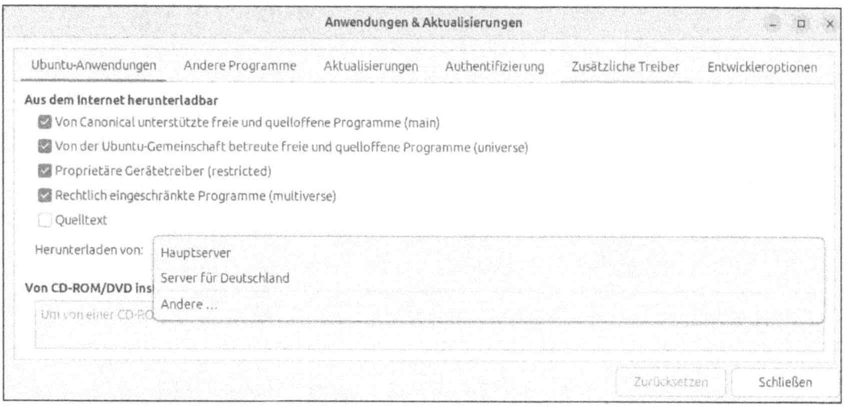

Abb. 5.2: Einstellungen zur Aktualisierung

5.1.1 Ubuntu Pro

Ubuntu besteht aus mehreren Paket-Quellen (Repositorys, siehe Abbildung 5.2):

- **main** – Freie Software,. Für diese erhalten Sie direkt Aktualisierungen von Ubuntu, bis die genutzte Ubuntu-Version nicht mehr unterstützt wird.

- **universe** – Von der Gemeinschaft betreute Software. Hierfür erhalten Sie ebenfalls Aktualisierungen, bis die Ubuntu-Version nicht mehr unterstützt wird.
- **restricted** – Nicht freie Software, etwa Treiber für NVIDIA-Grafikkarten, WLAN. Auch für diese Software erhalten Sie Updates, bis zum Lebensende dieser Ubuntu-Version.
- **multiverse** – Nicht freie Software, die nicht von Ubuntu stammt, aber von Ubuntu nutzbar gemacht wird.

Die letzte Paket-Quelle enthält Software, die keine Updates von den Entwicklern der Software bekommt, sondern von Ubuntu selbst (etwa VirtualBox – einem PC-Emulator, auf dem Sie andere Linux-Distributionen oder auch Windows unter Linux installieren und nutzen können). Dies bedeutet, Ubuntu pflegt die Updates ein und bietet diese zur Installation an. Das kostet den Ubuntu-Entwicklern natürlich Zeit, deshalb müssen Sie sich, um für solche Software Updates zu bekommen, Ubuntu Pro zulegen.

Ubuntu Pro ist für maximal fünf Rechner kostenlos. Um es zu nutzen, erstellen Sie sich unter *https://login.ubuntu.com/* ein kostenloses Konto. Außerdem muss Snap (siehe Abschnitt 5.2.1) aktiv sein. Weiterhin benötigen Sie einen Account für Ubuntu Pro unter *https://ubuntu.com/pro*. Hier aktivieren Sie die Funktion »Ubuntu Pro Subscription«. Anschließend kopieren Sie den Token, den Sie angezeigt bekommen, und starten am Terminal folgende beiden Befehle:

```
sudo apt update && sudo apt upgrade
```

```
sudo pro attach Token
```

»Token« ersetzen Sie durch Ihren kopierten Token. Das war es auch schon.

5.2 Software installieren und aktualisieren

5.2.1 Der Ubuntu-Standard – Snap

Snap ermöglicht es, aktuellere Software zu installieren, als für das Ubuntu-Release eigentlich vorgesehen, und der Distributor der Distribution hat weniger Arbeit mit der Anpassung der Software an das System. Snap ist seit Kurzem der Standard unter Ubuntu für Benutzer-Software.

Was bedeutet Snap?

Snap ist ein für Ubuntu entwickeltes Software-Paket-Format. Standardmäßig installiert Ubuntu von Software benötigte Abhängigkeiten als eigene Pakete. Benötigt eine Software etwa Java als Abhängigkeit, werden diese Pakete extra installiert. Ein Snap-Paket besteht wiederum aus der eigentlichen Software und den Abhängigkeiten – also aus allem, was eine Software zum Funktionieren benötigt. »Snap« nennt sich die von Ubuntu entwickelte Technologie und die Software-Pakete (ähnlich wie unter Windows die EXE-Dateien) heißen »Snaps« oder »Snap-Pakete«.

Snap-Software ist meist in aktuellerer Version nutzbar – eben weil die Entwickler nicht auf die Abhängigkeiten der Ubuntu-Version achten müssen. An der Stabilität solcher Software gibt es keine Unterschiede zu Ubuntu-Paketen (siehe Abschnitt 5.2.2).

Sie finden in der Grundkonfiguration bereits das passende Icon für die Installation und Deinstallation von Software im Dock links – es handelt sich um das Icon mit dem »A«. Im Anwendungsmenü suchen Sie nach dem Eintrag »Ubuntu Software« (Abbildung 5.3).

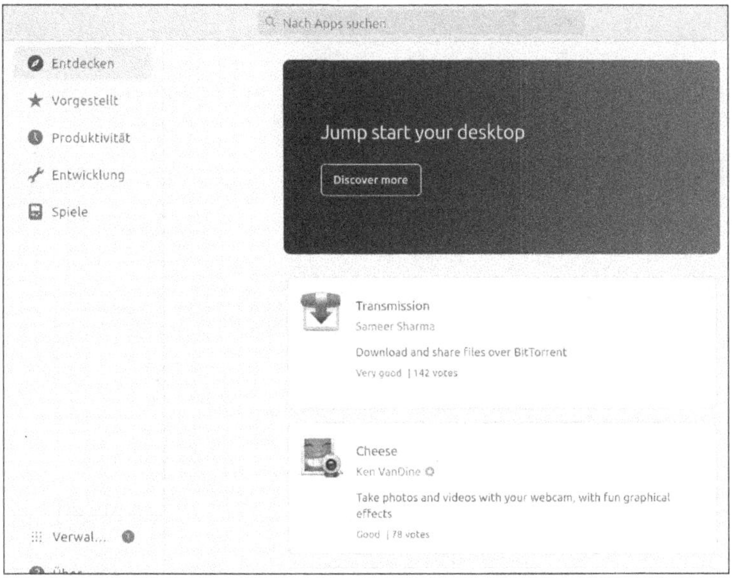

Abb. 5.3: Ubuntu Software

Sie stöbern darin wie in einem Katalog oder wie in einem der App Stores von Android oder iOS – suchen Sie die gewünschte Software. Indem Sie auf einen Eintrag klicken, erhalten Sie nähere Informationen, Screenshots und auch Bewertungen von anderen Benutzern. Zur Installation der gewünschten Software genügt ein Klick auf den Schalter INSTALLIEREN.

Um nicht gewünschte Software zu entfernen, müssen Sie diese nicht lange suchen – klicken Sie einfach unten links auf den Schalter VERWALTEN. Hier zeigt sich installierte Software. Mit einem Mausklick auf den Schalter mit den drei Punkten rechts neben der installierten Software entfernen Sie die nicht erwünschten Anwendungen.

Über den Schalter VERWALTEN kommen Sie auch zu den Aktualisierungen der installierten Software – jedoch nur Snap-Pakete, also Benutzer-Software (System-Software wird im Hintergrund automatisch aktualisiert und von Ubuntu Software nicht angezeigt).

Sie müssen nicht unbedingt »Ubuntu Software« nutzen, um nach Snap-Software zu suchen und sie zu installieren – Sie können auch die Webseite *https://snapcraft.io/store* mit dem Webbrowser durchstöbern. Dort finden Sie unter anderem größere Screenshots. Sie wählen hier, wenn gewünscht, die Version der Software aus und klicken auf den Schalter INSTALL (siehe Abbildung 5.4).

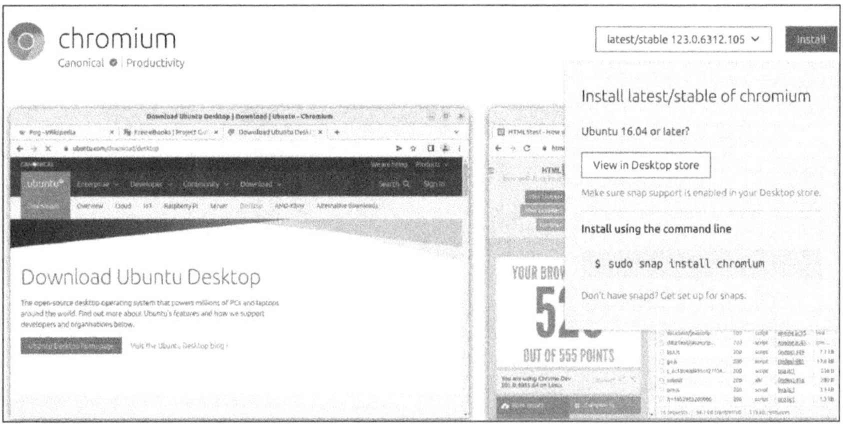

Abb. 5.4: Der Snap Store im Internet

Haben Sie passende Software gefunden, kopieren Sie den Befehl unter »Install using the command line«, anschließend öffnen Sie das Terminal (mehr dazu im Abschnitt 4.3) und fügen den Befehl per Rechtsklick und EINFÜGEN in das Terminal ein. Sie brauchen nun nur noch mit [↵] zu bestätigen.

5.2.2 Debian-Pakete

Der Grundaufbau von Ubuntu – also das System selbst – besteht aus Debian-Paketen. Debian hat eines der größten Software-Archive aller Linux-Distributionen und somit auch mehr Software, als es Snap-Software gibt. Ubuntu bezieht diese Pakete aus dem Software-Archiv von Debian und passt diese auf Ubuntu an – somit haben Sie eine zweite Quelle für Software, die schier unendlich ist.

Ubuntu hat keine grafische Software-Verwaltung für Debian-Pakete vorinstalliert – mit der vorhandenen lässt sich nur das System aktualisieren. Sie können jedoch am Terminal (dazu mehr im Abschnitt 4.3) arbeiten und damit eine grafische Software für die Verwaltung von Debian-Paketen installieren. Hier gibt es zwei Möglichkeiten:

- **GNOME Software** – Hiermit bekommen Sie jede unter Ubuntu verfügbare grafische Software.
- **Synaptic** – Mit Synaptic finden und installieren Sie nicht nur grafische Software, sondern auch solche für das Terminal.

GNOME Software installieren Sie auf dem Terminal mit den Befehlen:

```
sudo apt update
sudo apt install gnome-software
```

Synaptic mit den Befehlen:

```
sudo apt update
sudo apt install synaptic
```

In Abbildung 5.5 sehen Sie GNOME Software und in Abbildung 5.6 Synaptic.

GNOME Software ist aufgebaut wie Ubuntu Software, Sie finden erst einmal Software in Kategorien aufgeteilt. Indem Sie einen Eintrag öffnen, erhalten Sie eine Beschreibung und Bewertungen. Mit einem Klick auf INSTALLIEREN installieren Sie die Anwendung. Ebenso einfach ist die Deinstallation von Anwendungen.

Über den Schalter QUELLE ganz rechts lässt sich festlegen, ob Sie die Software als Snap-Paket oder als Debian-Paket installieren möchten (nicht immer sind beide Möglichkeiten vorhanden – dies kommt ganz auf den Entwickler der jeweiligen Software an, Snap-Pakete sind meist etwas größer – benötigen mehr Platz auf der Festplatte, sind aber auch aktueller).

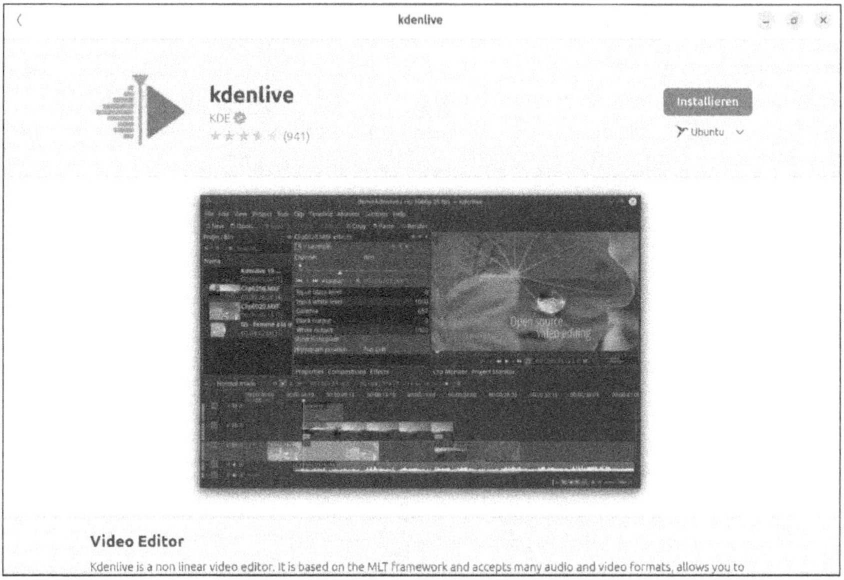

Abb. 5.5: GNOME Software – Software-Verwaltung für Debian-Pakete

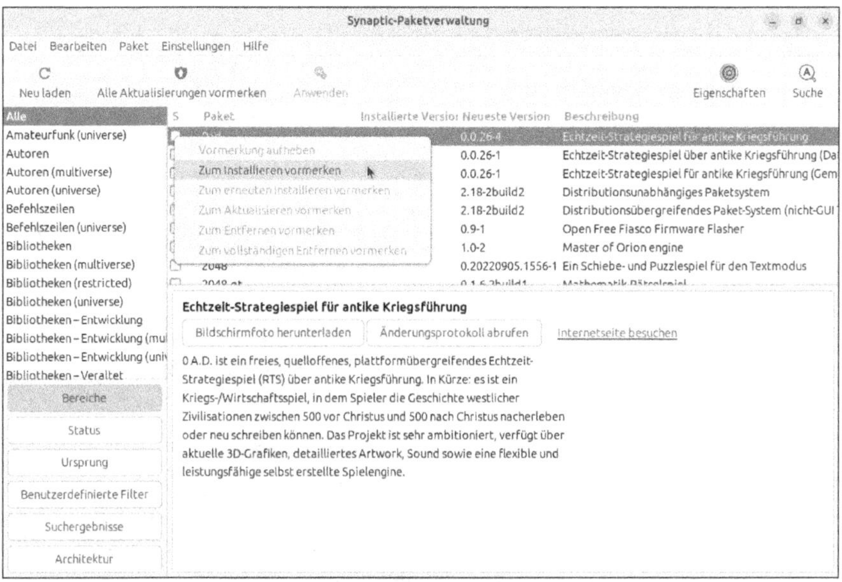

Abb. 5.6: Synaptic – Software-Verwaltung für Debian-Pakete

Anders als GNOME Software bietet Synaptic ausschließlich Zugang zu Debian-Paketen. Diese Software sieht optisch etwas älter aus – funktioniert nach kurzem Eingewöhnen jedoch sehr einfach.

In der Liste links finden Sie Kategorien – klicken Sie eine solche Kategorie an, öffnet sich rechts daneben der Inhalt. Markieren Sie ein Paket per Mausklick innerhalb einer Kategorie, finden Sie darunter eine Beschreibung – mit einem Klick auf den Schalter BILDSCHIRMFOTO HERUNTERLADEN erhalten Sie auch einen Screenshot.

Vor jedem Paket in der Kategorie finden Sie eine Checkbox – ein grüner Haken darin zeigt, dass dieses Paket installiert ist. Klicken Sie mit der linken Maustaste in die Checkbox – so lässt sich das Paket installieren oder eben deinstallieren.

Ein Klick auf den Schalter ANWENDEN links oben führt die Aufgabe aus. Sollten sich hierbei Probleme ergeben – etwa Synaptic findet die Pakete nicht –, klicken Sie auf den Schalter NEU LADEN und starten noch einmal mit ANWENDEN.

Debian-Pakete auf dem Terminal verwalten

Sie müssen Debian-Software-Pakete nicht unbedingt mit grafischer Software verwalten – Sie können dies auch auf dem Terminal (siehe Abschnitt 4.3) tun.

Als Erstes sollten Sie die Internet-Archive, auf denen die Debian-Pakete liegen, mit dem lokalen System synchronisieren – dies gelingt mit dem Befehl:

```
sudo apt update
```

Jetzt lässt sich das komplette Grundsystem, als Ubuntu und die Software, die als Debian-Paket installiert ist, mit folgendem Befehl aktualisieren:

```
sudo apt upgrade
```

Sie können natürlich auch nach Software suchen, hierzu nutzen Sie die Option »search begriff«. Als Begriff können Sie die Bezeichnung einer Software, etwas, das die Software können soll, angeben oder auch Dateiformate, mit denen die Software umgehen können soll – etwa:

```
sudo apt search inkscape
```

Abbildung 5.7 zeigt eine solche Suche.

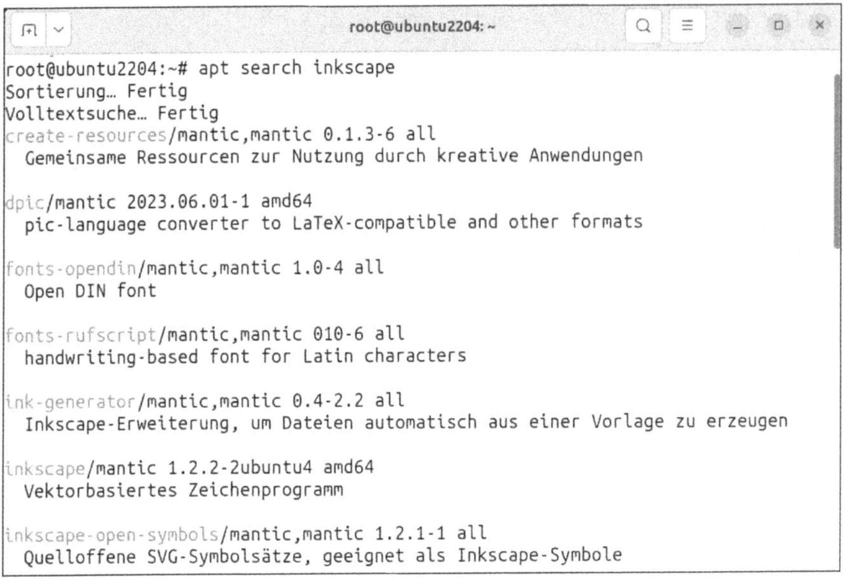

Abb. 5.7: Software-Suche am Terminal

Paket-Namen sind grün dargestellt, Beschreibungen weiß. Zur Installation eines Pakets nutzen Sie die Option »install« und geben den Namen des Pakets an – ein Beispiel:

```
sudo apt install inkscape
```

Die Deinstallation von Software-Paketen erfolgt durch die Option »remove«. Hier ein Beispiel mit dem zuvor installierten Paket »inkscape«:

```
sudo apt remove inkscape
```

Ubuntu speichert die Debian-Pakete zur Installation und zur Aktualisierung im Systemverzeichnis `/var/cache/apt/archives/` und löscht diese nicht automatisch. Daher sollten Sie diese Pakete (sie dienen nur zur Installation und werden anschließend nicht mehr benötigt) hin und wieder manuell löschen – ansonsten benötigen diese nur unnötig Platz. Hierzu dient folgender Befehl:

```
sudo apt clean
```

5.2.3 Flatpak – noch mehr Software

In Abschnitt 5.2.1 haben Sie das Ubuntu-Paketformat Snap kennengelernt. Es handelt sich dabei um eine Eigenentwicklung von Ubuntu, ein ähnliches Paket-Format wird von der Linux-Distribution Fedora genutzt – es nennt sich Flatpak und kann auch von anderen Linux-Distributionen genutzt werden. Es hat wie Snap den Vorteil, dass Entwickler es damit einfacher haben, aktuellere Software für Linux zu liefern.

Sie installieren die erforderliche Software-Umgebung über zwei Debian-Pakete am schnellsten auf dem Terminal mit dem Befehl:

```
sudo apt install flatpak gnome-software-plugin-flatpak
```

Hiermit wird nicht nur die Software-Umgebung, sondern auch die grafische Paket-Verwaltung »GNOME Software« installiert – siehe Abschnitt 5.2.2. Jetzt fügen Sie das Flatpak-Archiv in das System ein, hierzu starten Sie am Terminal folgenden Befehl:

```
flatpak remote-add --if-not-exists flathub https://flathub.org/repo/
flathub.flatpakrepo
```

Anschließend starten Sie das System neu. Öffnen Sie jetzt aus dem Anwendungsmenü die grafische Paket-Verwaltung GNOME Software, finden Sie eine umfangreichere Auswahl an installierbarer Software als zuvor.

Hin und wieder findet sich Software als Snap-Paket und als Debian-Paket, hin und wieder auch als Flatpak-Paket. Grundsätzlich macht es keinen Unterschied, ob Sie dann das Snap-Paket oder das Flatpak-Paket installieren – die Auswahl, welches Paket Sie installieren möchten, treffen Sie über den Schalter QUELLE rechts oben im Fenster (Abbildung 5.8).

Ubuntu ist zum Thema Software-Pakete leider etwas verwirrend. Grundsätzlich besteht das System – also Systemsoftware – aus Debian-Paketen (*Ubuntu deb*). Ubuntu möchte es Software-Entwicklern jedoch erleichtern, ihre Software einfacher für Ubuntu zu entwickeln – hierzu wurden die Snap-Pakete geschaffen. Zusätzlich ist es unter Ubuntu möglich, Flatpak-Pakete zu installieren, die Snap-Paketen ähnlich sind.

Es kann also sein, dass Sie beispielsweise den Webbrowser Firefox als Debian-Paket installiert haben – als Snap-Paket oder als Flatpak-Paket ist dieser jedoch in aktuellerer Version verfügbar. Sie können Debian-Pakete, Snap-Pakete und Flatpak-Pakete nebeneinander installieren – im Beispiel hätten Sie dann jedoch drei Einträge von Firefox im Anwendungsmenü. Nutzen Sie lieber aktuellere Versionen als Snap-Paket oder Flatpak-Paket, sollten Sie das Debian-Paket deinstallieren (alles andere wäre auch Platzverschwendung).

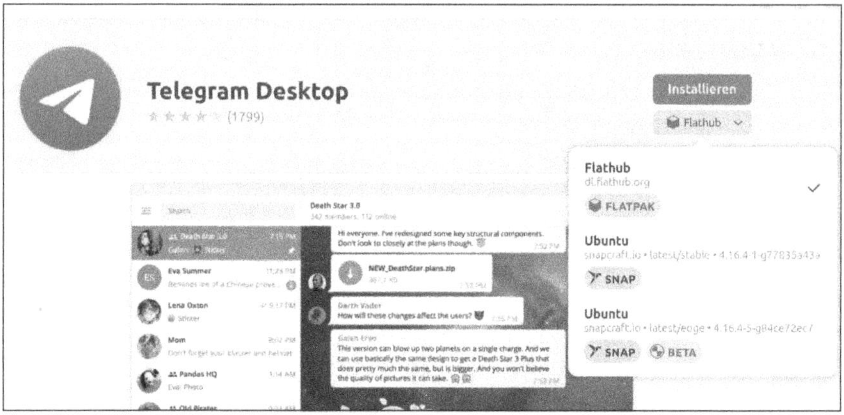

Abb. 5.8: Auswahl zwischen Snap-Paketen und Flatpak-Paketen in GNOME Software

5.2.4 Appimages – ausführbare Dateien

Ein weiteres wichtiges Paket-Format unter Ubuntu nennt sich »Appimage«. Es handelt sich hierbei um ausführbare Dateien, ähnlich der EXE-Dateien unter Microsoft Windows. Solche lassen sich unter allen Linux-Distributionen nutzen – eine Installation ist dabei nicht nötig.

Sie finden solche Anwendungen immer wieder auf Webseiten im Internet, Sie brauchen solche nur herunterzuladen und in einem beliebigen Verzeichnis zu speichern. Diese Dateien haben die Dateiendung ».appimage«.

Appimages müssen einmalig ausführbar gemacht werden – dies gelingt per Rechtsklick auf die Datei und der Wahl von EIGENSCHAFTEN. Hier aktivieren Sie ganz unten die Checkbox ALS PROGRAMM AUSFÜHRBAR (siehe Abbildung 5.9), anschließend lässt sich die Software per Doppelklick auf die Datei starten.

Abb. 5.9: Appimages ausführbar machen

5.2.5 PPAs – Software von anderen Ubuntu-Benutzern

PPAs (Personal Package Archive) sind Software-Archive, die von Ubuntu-Benutzern bereitgestellt werden. Software aus solchen Archiven sind kein offizieller Bestandteil von Ubuntu – die Idee dahinter stammt aber von Ubuntu.

PPAs bieten Benutzern die Möglichkeit, Software bereitzustellen, die in Ubuntu entweder nicht vorhanden ist oder aktuellere Versionen von unter Ubuntu verfügbarer Software. So bieten PPAs etwa aktuellere Versionen von LibreOffice oder vom Webbrowser Firefox.

PPAs bieten Fremdsoftware

Wie schon beschrieben – in PPAs wird Software angeboten, die von Benutzern bereitgestellt wird, es handelt sich dabei um Software, die nicht von Ubuntu geprüft wird. Unter normalen Umständen wird solche

Software problemlos funktionieren – könnte jedoch auch die Stabilität des Systems gefährden. Die Nutzung von PPAs erfolgt also auf eigene Gefahr.

Sie finden die Sammlung von PPAs unter der Web-Adresse *https://launchpad.net/ubuntu/+ppas*. Jedes PPA enthält eine Beschreibung über die Software, die es bietet und wie man das PPA in Ubuntu integriert.

Die Integration eines PPAs in Ubuntu wird als Administrator auf dem Terminal (siehe Abschnitt 4.3) vorgenommen. Die Syntax dazu lautet:

```
sudo add-apt-repository ppa:benutzername/ppa
```

Hierbei brauchen Sie nur `nutzername/ppa` durch die Angaben aus der Beschreibung auf der Webseite zu ersetzen – im Grunde brauchen Sie nur die Befehle auf der Webseite zu kopieren und am Terminal per Rechtsklick einzufügen.

Die ganze Abfolge der Befehle lautet schließlich:

```
sudo add-apt-repository ppa:benutzername/ppa
sudo apt update
sudo apt install paket
```

Ist ein PPA in Ubuntu integriert und die Software daraus installiert, hält sich die Software mit der Aktualisierung des Systems von selbst aktuell. Um ein PPA wieder aus dem System zu entfernen, nutzen Sie erst folgenden Befehl, um alle PPAs anzuzeigen (kann als normaler Benutzer ohne `sudo` genutzt werden):

```
apt policy
```

Jetzt können Sie den Namen des PPAs nutzen, um dieses wieder aus dem System zu entfernen – etwa:

```
sudo ppa-purge ppa:benutzername/ppa
sudo apt update
```

Damit wird nicht nur die über das PPA installierte Software entfernt, sondern auch das PPA selbst aus dem System gelöscht.

5.3 Wichtige Treiber installieren

Haben Sie wie in Abschnitt 2.5 beschrieben Ubuntu mit aktiver Internetverbindung installiert und die Option »Installieren Sie Software von Drittanbietern für Grafik- und WLAN-Hardware und zusätzliche Medienformate« aktiviert, sind benötigte Treiber für Grafikkarte und WLAN schon automatisch installiert. Möchten Sie dies nachholen oder Sie bauen neue Hardware ein, schließen solche an (etwa WLAN-Sticks), öffnen Sie aus dem Anwendungsmenü den Eintrag »Zusätzliche Treiber«.

Diese Systemanwendung überprüft die eingebaute und angeschlossene Hardware und bietet dazu benötigte Treiber zur Installation an. Sie markieren ganz einfach den angezeigten Treiber und klicken auf den Schalter Änderungen anwenden (siehe Abbildung 5.10).

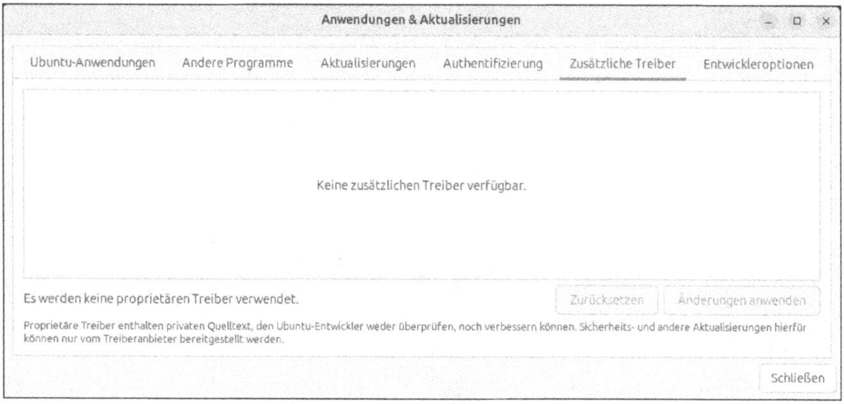

Abb. 5.10: Benötigte Treiber unter Ubuntu installieren

5.4 Weitere Schriften installieren

Ubuntu kommt in der Standardinstallation mit vielen Schriften daher – besonders bei unter Windows erstellten Dokumenten sehen diese aber anders aus, da Standard-Windows-Schriften nicht installiert sind.

Eine der ersten Aktionen nach der Installation von Ubuntu wird daher die Installation von unter Windows häufig genutzten Schriften sein. Dies erledigen Sie unter Ubuntu am Terminal mit dem Befehl:

```
sudo apt install ttf-mscorefonts-installer
```

Sie müssen die Installation der proprietären Schriften bestätigen, dafür wechseln Sie mit der Tab-Taste auf den Schalter OK und bestätigen mit ↵ (siehe Abbildung 5.11). Anschließend führen Sie dieselbe Prozedur mit der Lizenz aus – Sie wechseln mit der Tab-Taste von NEIN auf JA und bestätigen mit ↵.

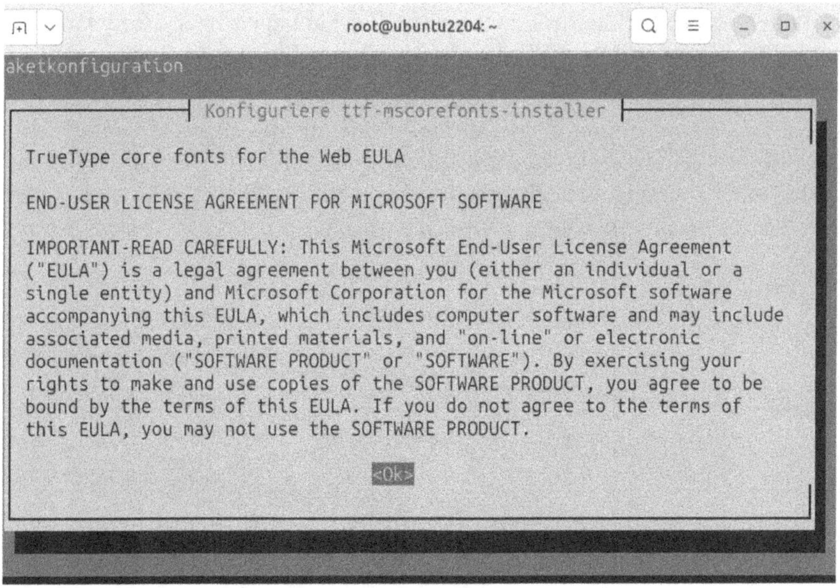

Abb. 5.11: Windows-Schriften unter Ubuntu installieren

Haben Sie Schriften aus dem Internet heruntergeladen, gelingt die Installation solcher ganz einfach. Meist sind diese in ein ZIP-Archiv komprimiert – Sie entpacken diese per Rechtsklick und wählen ENTPACKEN, anschließend klicken Sie die Schrift-Dateien doppelt an. Es öffnet sich ein Fenster mit einer Ansicht der Schrift – Sie brauchen nun nur noch auf den Schalter INSTALLIEREN zu klicken (siehe Abbildung 5.12).

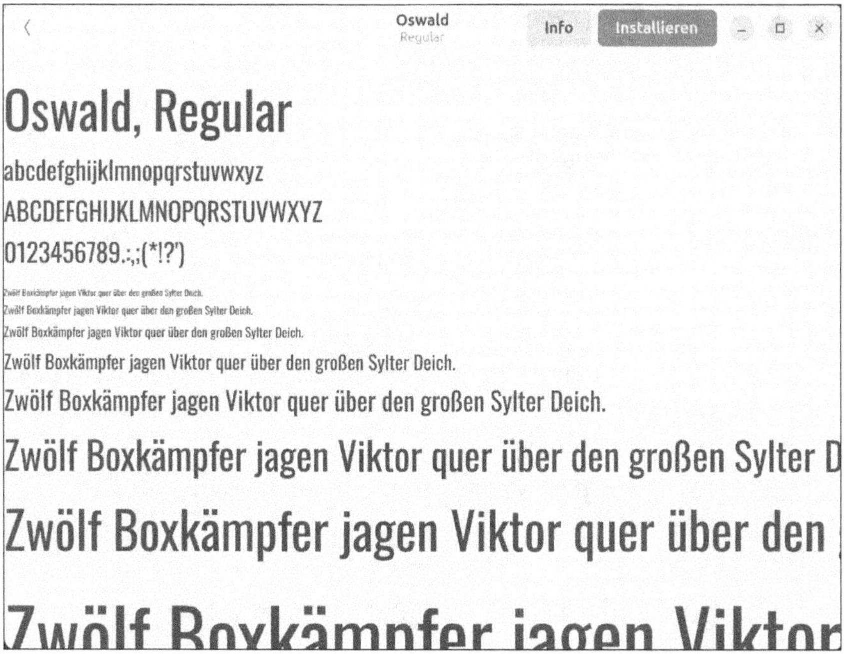

Abb. 5.12: Schriften unter Ubuntu installieren

5.5 Windows-Software unter Ubuntu

Windows-Software lässt sich unter Ubuntu nicht ohne Hilfe installieren und nutzen. Hierzu sind die Betriebssysteme Windows und Ubuntu (Linux) einfach zu verschieden.

Es gibt jedoch zwei Möglichkeiten, um dieses Problem zu umgehen:

- **Wine** – Eine Software, die ein Windows-System emuliert. Über diese Software lässt sich anschließend Windows-Software installieren und starten. Nicht nur für Anwendungssoftware ist diese Möglichkeit gedacht, sondern auch für Spiele.
- **Virtuelle Maschine** – Eine virtuelle Maschine emuliert einen kompletten Computer und dessen Hardware. Auf einem solchen virtuellen Rechner lässt sich Windows installieren und hierüber wieder Windows-Software. Diese Möglichkeit benötigt jedoch viel Platz auf der Festplatte.

5.5.1 Wine – Windows-Software direkt unter Ubuntu

Windows nutzt andere System-Aufrufe als Ubuntu – die Art, wie Anwendungen mit dem Betriebssystem kommunizieren, um zu funktionieren, ist also unterschiedlich. Wine übersetzt diese System-Aufrufe für Linux. Dies funktioniert mit vielen Anwendungen und auch mit Spielen – nicht aber mit allen.

Eine Datenbank, welche Anwendungen und Spiele wie gut mittels Wine funktionieren, finden Sie unter *https://appdb.winehq.org*. Taucht eine Anwendung in dieser Liste nicht auf, bedeutet dies nicht gleich, dass die Software mit Wine nicht funktioniert – einen Versuch ist es immer wert.

Der Vorteil von Wine gegenüber virtuellen Maschinen ist, dass Wine keine starke Hardware und wenig Platz auf der Festplatte benötigt. Sie installieren diese Software als Debian-Paket (siehe Abschnitt 5.2.2) am schnellsten über das Terminal mit folgenden Befehlen:

```
sudo dpkg --add-architecture i386
sudo apt update
sudo apt install wine32
```

Für reine 64-Bit-Anwendungen installieren Sie zusätzlich das Paket »wine-stable«:

```
sudo apt install wine-stable
```

Nach der Installation gilt es, Wine einmalig zu konfigurieren – dies gelingt am Terminal mit dem Befehl:

```
winecfg
```

Es dauert wenige Sekunden, bis Wine eingerichtet wurde, anschließend öffnet sich ein Fenster mit der Konfiguration der Software (siehe Abbildung 5.13).

Das Fenster wird zu Beginn sehr klein sein, öffnen Sie daher den Reiter »Grafik« und nutzen Sie den Regler BILDSCHIRMAUFLÖSUNG, um die Größe anzupassen. Nach einem Klick auf ANWENDEN und OK kontrollieren Sie, ob die Größe passt.

Die wichtigste Einstellung findet sich auf dem Reiter »Anwendungen«. Hier passen Sie die Windows-Version an. In der Regel ist es besser, eine ältere Version anzugeben – außer es handelt sich bei der zu installierenden Windows-Software um eine solche, die nur auf einer aktuelleren Windows-Version läuft.

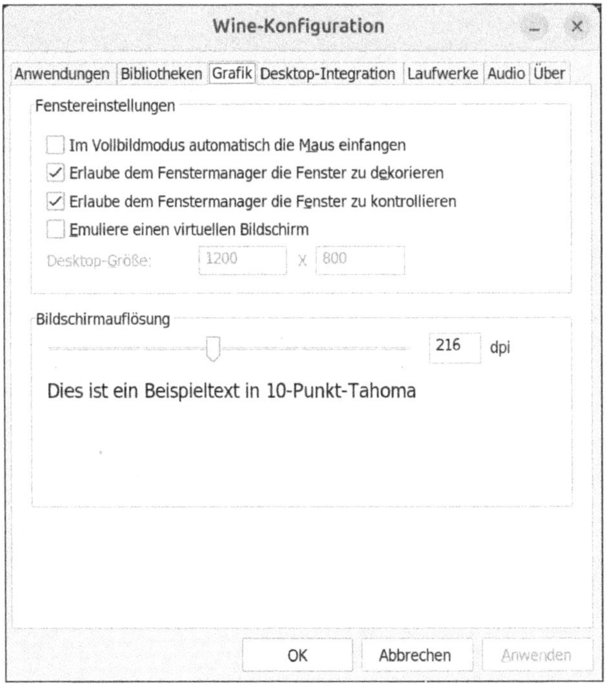

Abb. 5.13: Konfiguration von Wine

Alle anderen Einstellungen sind kaum der Rede wert. Schließen Sie das Fenster mit einem Klick auf ANWENDEN und OK.

Um eine Windows-Anwendung zu installieren, öffnen Sie das Verzeichnis mit der Windows-EXE-Datei im Dateimanager, klicken mit der rechten Maustaste in das Fenster auf eine freie Stelle und wählen den Eintrag IN TERMINAL ÖFFNEN. Im Beispiel nennt sich die Windows-Datei »iview460_setup.exe« – Sie geben den Befehl `wine` ein, fügen ein Leerzeichen hinzu und anschließend den Dateinamen der Windows-EXE:

```
wine iview460_setup.exe
```

Zur einfachen Vervollständigung des Dateinamens geben Sie die ersten Zeichen des Dateinamens an und drücken die Taste [Tab] – das Terminal vervollständigt den Dateinamen und Sie brauchen nur noch mit [↵] zu bestätigen.

Nach wenigen Sekunden öffnet sich die Installationsroutine wie unter Windows bekannt, Sie brauchen sich nur noch durch diese zu klicken (Abbildung 5.14).

Abb. 5.14: Installation von Windows-Software mit Wine

Die installierte Windows-Software trägt sich, wie jede andere Anwendung auch, im Anwendungsmenü unter Ubuntu ein.

5.5.2 VirtualBox – Windows unter Linux installieren

Eine virtuelle Maschine benötigt um einiges mehr Platz auf der Festplatte – erst einmal die Software für die virtuelle Maschine, dazu das darauf installierte Windows. Auch sollte der Computer selbst über genug Leistung verfügen – er muss immerhin zwei Betriebssysteme zur selben Zeit ausführen.

Eine virtuelle Maschine, also ein virtueller Computer, besteht aus der eigentlichen Software, diese emuliert die Hardware des Computers, und einer virtuellen Festplatte – eine große Datei, auf dieser wird das Betriebssystem installiert.

VirtualBox ist eine sehr einfach zu nutzende Software, um virtuelle Maschinen zu erstellen – mit dieser Software lässt sich nicht nur Windows unter Linux installieren, sondern auch weitere Linux-Distributionen. Sie installieren diese Software über Debian-Pakete (siehe Abschnitt 5.2.2) durch die Pakete »virtualbox-qt virtualbox-ext-pack virtualbox-guestadditions-iso« – am schnellsten auf dem Terminal durch den Befehl:

```
sudo apt install virtualbox-qt virtualbox-ext-pack virtualbox-
guestadditions-iso
```

Ab Windows 11 benötigen Sie die nicht freie Version von VirtualBox. Ubuntu enthält nur die freie Version (es funktioniert zwar, ist aber etwas umständlich, siehe Kasten »Windows 11 in der virtuellen Maschine installieren« – Stichwort TPM-Chip). Die nicht freie Version (trotzdem kostenlos) finden Sie unter *https://www.virtualbox.org/wiki/Linux_Downloads*. Sie installieren das heruntergeladene Debian-Paket ganz einfach per Mausklick auf die Datei. Anschließend laden Sie die Erweiterung herunter (*https://download.virtualbox.org/virtualbox/7.0.14/Oracle_VM_VirtualBox_Extension_Pack-7.0.14.vbox-extpack*) und installieren diese ebenfalls per Mausklick.

Beim ersten Start der Software gilt es, eine neue virtuelle Maschine (die Bezeichnung für virtuelle Computer) anzulegen – hierzu klicken Sie auf den Schalter NEU (Abbildung 5.15).

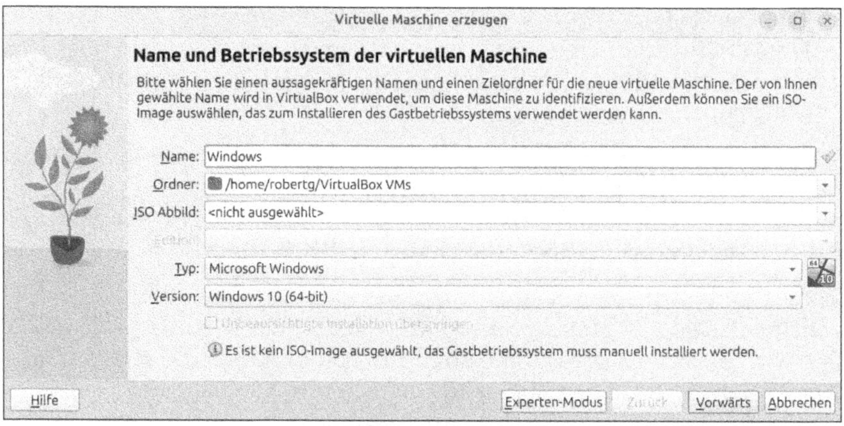

Abb. 5.15: Erstellen einer virtuellen Maschine mit VirtualBox

Zu Beginn geben Sie einen Namen für die virtuelle Maschine an, den Ordner – also das Verzeichnis, in dem diese gespeichert werden soll – können Sie belassen, wie er ist. Unter »Typ« geben Sie die Art des zu installierenden Betriebssystems an – also etwa Windows oder Linux, darunter die Version des Betriebssystems.

Weiter geht es im nächsten Fenster mit der »Speichergröße« – hiermit ist der Arbeitsspeicher gemeint. Hier müssen Sie bedenken, der Wirt – also das auf dem realen Computer installierte System – und der Gast – das Betriebssystem auf der virtuellen Maschine – teilen sich den Arbeitsspeicher des realen Computers. Ubuntu benötigt minimal 2 GB Arbeitsspeicher, Windows 11 minimal 4 GB. Sie können dem virtuellen Windows natürlich auch mehr Arbeitsspeicher über den Regler geben – es läuft dann schneller. Hat Ihr Computer aber etwa nur 6 GB Arbeitsspeicher verbaut, können Sie dem virtuellen Windows nicht mehr als 4 GB geben, denn dann wird Ubuntu instabil.

Im folgenden Fenster aktivieren Sie die Checkbox Festplatte erzeugen und belassen den voreingestellten Dateityp auf VDI (VirtualBox Disk Image) (andere sind nur nötig, wenn Sie die virtuelle Maschine auch mit anderen Anwendungen für virtuelle Maschinen nutzen möchten). Das nächste Fenster bietet folgende zwei Möglichkeiten für die Größe der virtuellen Festplatte an:

- **Dynamisch alloziert** – Die virtuelle Festplatte – also die Datei, die das Betriebssystem aufnehmen wird, ist zu Beginn klein und wächst mit der Installation des Betriebssystems und darauf installierter Software sowie darauf gespeicherter Daten. Die Installation des Betriebssystems dauert aber um einiges länger.
- **Feste Größe** – Sie vergeben eine fixe Dateigröße – das Betriebssystem wird sehr schnell installiert. Sie können jedoch die Größe der virtuellen Festplatte nicht mehr verändern.

Haben Sie die zweite Option (feste Größe) gewählt, vergeben Sie anschließend die Größe der virtuellen Festplatte. Hierbei sollten Sie bedenken – sie muss das Betriebssystem aufnehmen (bei Windows etwa 40 GB), weitere zu installierende Windows-Software und auch weitere Daten wie etwa Dokumente.

Zurück im Hauptfenster angelangt, gilt es, noch eine Anpassung vorzunehmen, nämlich das Medium auszuwählen, von dem das Betriebssystem installiert wird. Dazu klicken Sie auf den Schalter Ändern und in den sich öffnenden Einstellungen auf den Eintrag Massenspeicher (Abbildung 5.16).

Klicken Sie in der mittleren Liste auf den Eintrag Leer und ganz rechts auf den Schalter mit der DVD – hier wählen Sie über den Dateimanager das DVD-Laufwerk oder die ISO-Datei, von der das Betriebssystem installiert werden soll. Mit einem Klick auf den Schalter OK rechts unten übernehmen Sie die Einstellungen und im Hauptfenster klicken Sie auf Starten.

Die virtuelle Maschine startet und deren Bildschirm erscheint in einem neuen Fenster (siehe Abbildung 5.17).

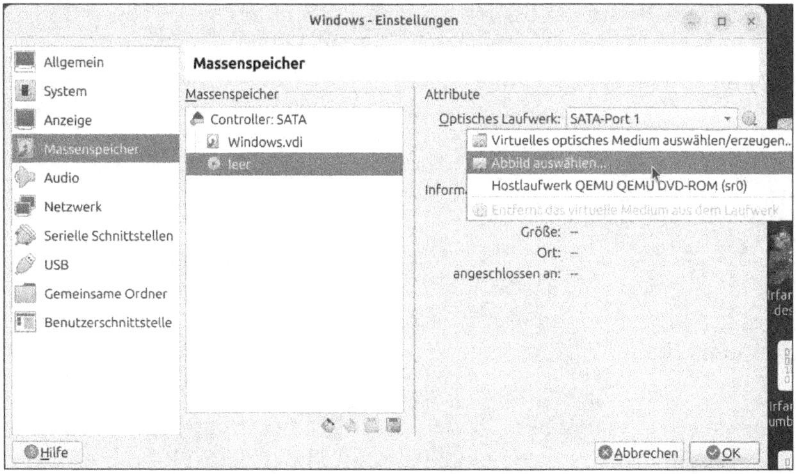

Abb. 5.16: Startmedium für die virtuelle Maschine angeben

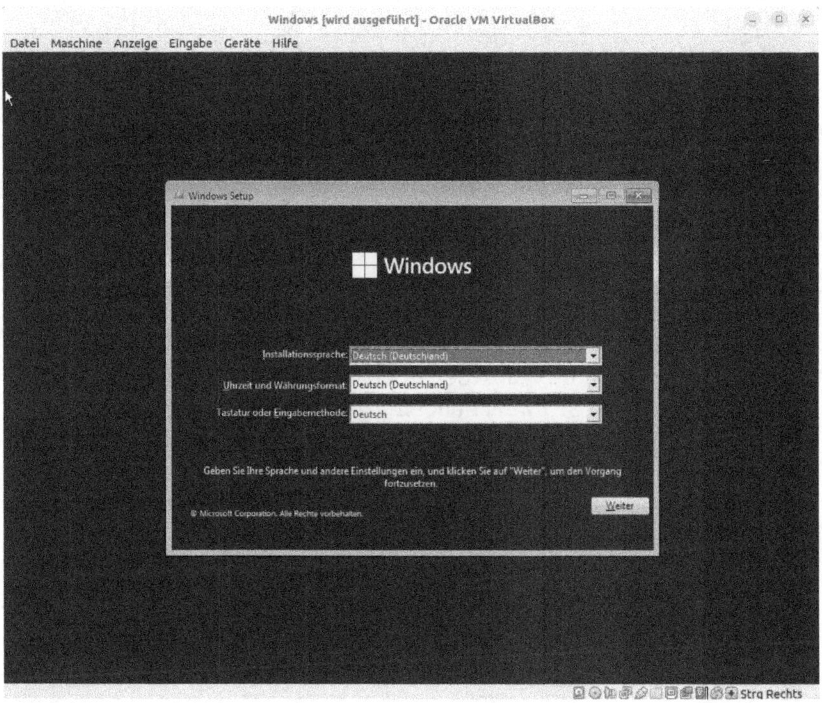

Abb. 5.17: Installation von Windows in einer virtuellen Maschine

Ältere Windows-Versionen brauchen keine Vorbereitung – Windows 11 benötigt jedoch einen sogenannten *TPM-Chip* als Hardware. Dieser lässt sich derzeit unter Linux nicht emulieren, daher müssen Sie diese Windows-Version anweisen, ohne einen solchen zu starten. Dazu mehr in folgenden Tipp:

Windows 11 in der virtuellen Maschine installieren

Sind Sie im ersten Installationsfenster angelangt (siehe Abbildung 5.17), klicken Sie auf den Schalter WEITER. Windows wird melden, dass es auf diesem Computer nicht installiert werden kann. Brechen Sie also mit einem Klick auf JA ab.

Drücken Sie die Tastenkombination [⇧]+[F11] – es öffnet sich das Windows-Terminal. Geben Sie den Befehl `regedit` ein – im sich öffnenden Registrierungseditor navigieren Sie durch den Pfad »HKEY_LOCAL_MACHINE\SYSTEM\Setup«. Hier erstellen Sie über das Menü BEARBEITEN|NEU einen neuen Schlüssel mit dem Namen »LabConfig« – es handelt sich hierbei um ein Verzeichnis. Klicken Sie rechts in das neue Verzeichnis und erstellen über »Neu« einen neuen »DWORD-Wert (32 Bits)« mit der Bezeichnung »BypassSecureBootCheck« und einen weiteren mit der Bezeichnung »BypassTPMCheck«. Anschließend klicken Sie doppelt auf die beiden erstellten Einträge und setzen den Wert »1«. Nun schließen Sie den Registrierungseditor und das Terminal. Klicken Sie nochmals auf »Installieren«.

Wurde Windows installiert, gilt es, die Gasterweiterungen zu installieren. Diese sorgen für eine bessere Integration von Windows in VirtualBox. So lassen sich etwa Dateien zwischen dem in der virtuellen Maschine installierten Windows und dem realen Linux tauschen oder Windows im Fenster ins Vollbild schalten. Hierzu öffnen Sie im laufenden Windows im VirtualBox-Menü das Menü GERÄTE|GASTERWEITERUNGEN EINLEGEN, anschließend öffnen Sie unter Windows den Dateimanager und darin das CD-Laufwerk. Per Doppelklick installieren Sie die Datei »VboxWindowsAddition« (Abbildung 5.18) – zuletzt starten Sie das virtuell installierte Windows neu.

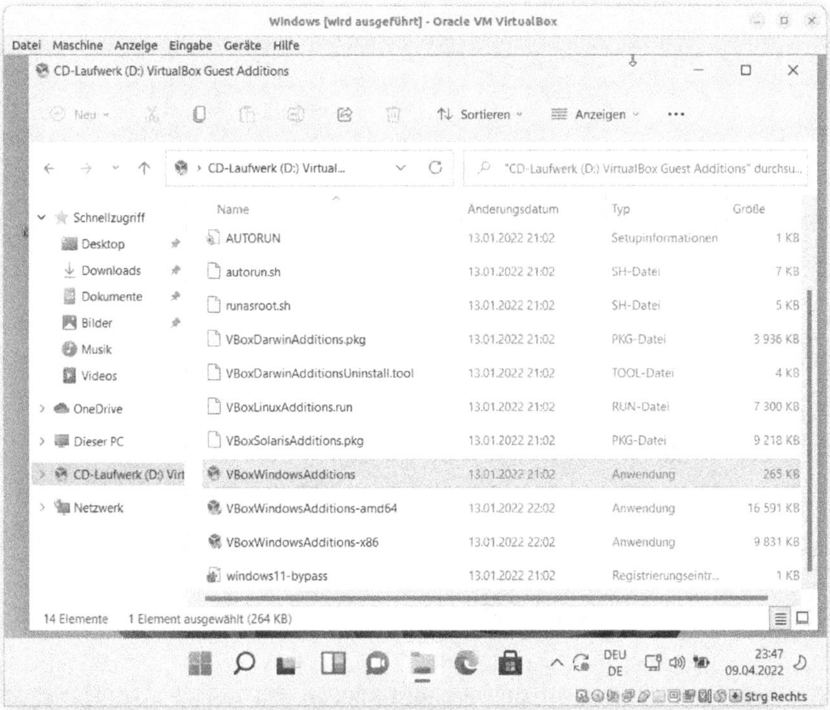

Abb. 5.18: Gasterweiterungen für Windows installieren

Dateien zwischen Linux und Windows tauschen

Um Dateien zwischen Linux und Windows zu tauschen, sollten Sie eigens dafür ein Verzeichnis einrichten. Es ist zwar möglich, das komplette Home-Verzeichnis zu nutzen oder das komplette Linux-System – dies ist jedoch nicht gerade vorteilhaft. Würde etwa das virtuell installierte Windows von Schadsoftware befallen, könnte diese auch auf die eigentlich sicheren Daten unter Ubuntu zugreifen – und diese natürlich auch verschlüsseln.

Meine Empfehlung lautet: Legen Sie hierfür ein eigenes Verzeichnis an, auf das anschließend beide Betriebssysteme Zugriff haben. In den Einstellungen zum virtuellen Rechner in VirtualBox öffnen Sie den Eintrag GEMEINSAME ORDNER und fügen dieses Verzeichnis per Klick auf den Schalter FÜGT EINEN NEUEN GEMEINSAMEN ORDNER HINZU in die virtuelle Maschine ein (siehe Abbildung 5.19).

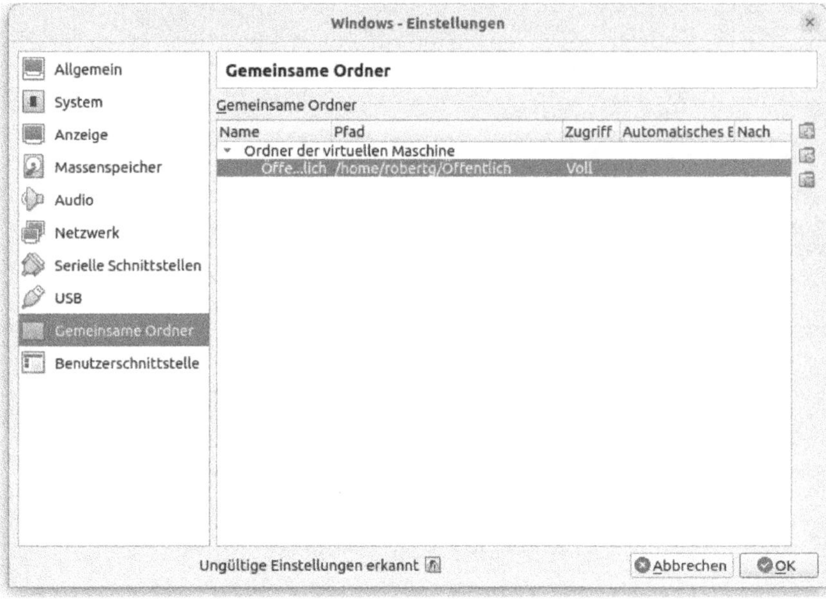

Abb. 5.19: Gemeinsame Ordner für den Tausch von Dateien erstellen

Nach dem Erstellen eines gemeinsamen Ordners in VirtualBox öffnen Sie den Dateimanager (Windows Explorer) und klicken links in der Orte-Liste auf den Eintrag »Netzwerk«. Haben Sie bisher an den Einstellungen nichts verändert, wird Windows nachfragen, ob Sie das System im Netzwerk sichtbar machen möchten – diese Nachfrage bejahen Sie.

Unter dem Eintrag »Netzwerk« findet sich anschließend ein neuer Eintrag mit der Bezeichnung »VBOXSVR«, diesen öffnen Sie per Doppelklick. Er beinhaltet wiederum das Verzeichnis, das Sie bei der Erstellung des gemeinsamen Ordners angegeben haben. Alle Dateien, die Sie in diesem Verzeichnis ablegen, können von beiden Betriebssystemen genutzt werden (siehe Abbildung 5.20).

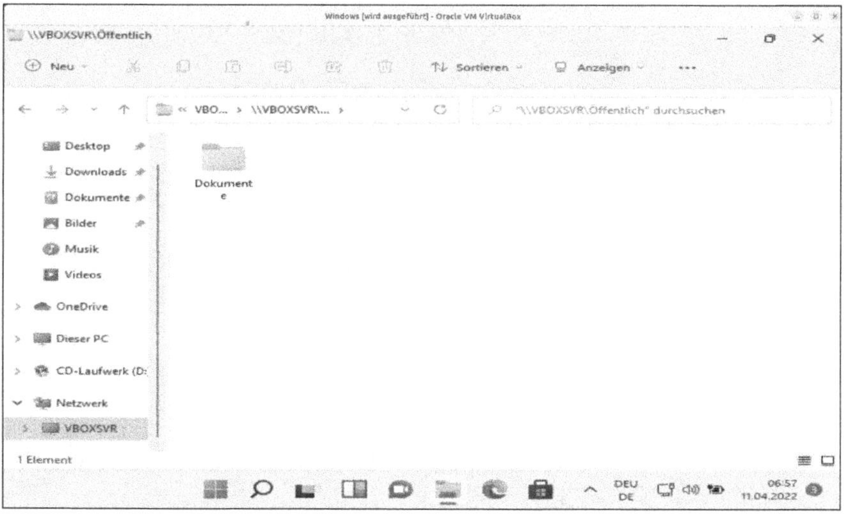

Abb. 5.20: Gemeinsame Ordner zum Tausch von Dateien

Kapitel 6

Anwendungen

Anwendungen, also Benutzersoftware, finden Sie unter Ubuntu in großen Mengen für alle möglichen Zwecke. Egal, ob es um Grafikanwendungen, Videobearbeitung, Büro-Software oder Spiele geht – in der Handhabung einfachere oder professionelle Software –, das Software-Archiv von Ubuntu ist bestens gefüllt.

Sie werden unter Ubuntu zahlreiche Anwendungen finden, die Sie möglicherweise auch von Windows kennen – so ist etwa Firefox der Standard-Webbrowser und Thunderbird der Standard-E-Mail-Client. LibreOffice ist auch unter Windows als Office-Suite recht bekannt und ist mit Microsoft-Office-Dokumenten sehr kompatibel. Zahlreiche weitere unter Windows bekannte Anwendungen lassen sich aus dem Internet herunterladen und unter Ubuntu installieren.

Natürlich gibt es unter Ubuntu auch viele alternative Anwendungen, mit denen Sie die Standard-Anwendungen ersetzen können.

6.1 Standard-Anwendungen unter Ubuntu

In den folgenden Abschnitten finden Sie Standard-Anwendungen, die unter Ubuntu bereits vorinstalliert sind – also solche, die nötig sind, um mit dem Computer sinnvoll arbeiten zu können.

6.1.1 Nautilus – der Dateimanager

Der Dateimanager unter Ubuntu nennt sich Nautilus, im Anwendungsmenü zeigt sich dieser unter dem vereinfachten Namen »Dateien«. Mit diesem verwalten Sie Ihre Dateien in unterschiedlichen Verzeichnissen, verschieben diese auf andere Datenträger und finden solche wieder (siehe Abbildung 6.1).

Nautilus ist sehr einfach aufgebaut. Per Rechtsklick öffnen Sie das Kontextmenü – hiermit benennen Sie Dateien um, kopieren und fügen ein, verschieben nicht mehr benötigte Dateien in den Papierkorb oder legen neue Verzeichnisse (bzw. Ordner) an. Per Doppelklick öffnen Sie, wie unter Windows gewöhnt, Verzeichnisse und Dateien.

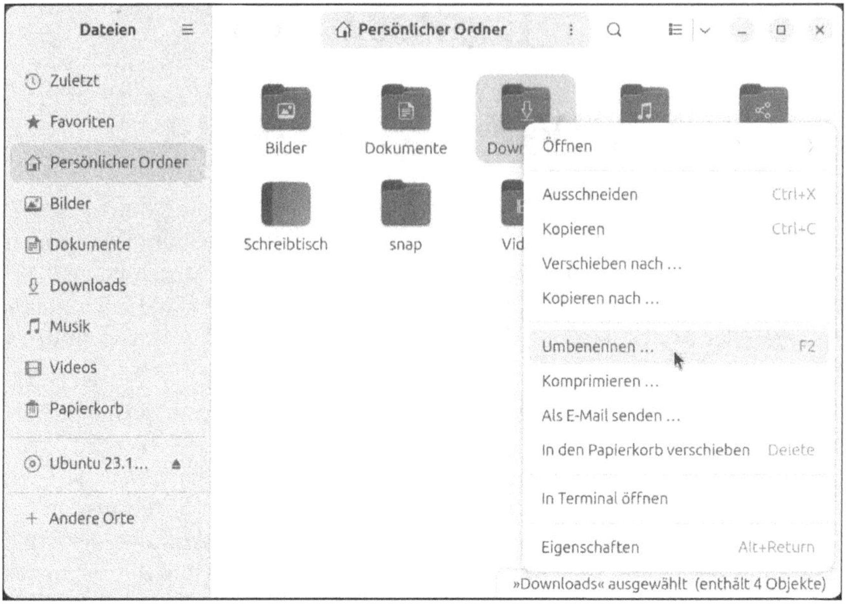

Abb. 6.1: Nautilus – der Dateimanager mit geöffnetem Kontextmenü

Über die Schalter rechts oben im Fenster lässt sich die Ansicht im Fenster anpassen, so etwa Dateien und Verzeichnisse als einfache Liste anzeigen. Auch lassen sich die Einträge nach verschiedenen Kriterien sortieren – so etwa nach dem Datum und Uhrzeit der Erstellung oder nach ihrer Größe. Zudem finden sich hier die Einstellungen und die Hilfe mit den Tastenkombinationen innerhalb von Nautilus.

Suchen

Zum Suchen von Dateien und Verzeichnissen finden Sie in Nautilus zwar den Schalter mit der Lupe – diesen anzuklicken ist jedoch unnötig. Tippen Sie einfach drauflos, die Suche wird dadurch automatisch gestartet. Erste Suchergebnisse zeigen sich sofort nach dem Eingeben erster Zeichen.

Sind die Symbole – also die Icons der Dateien und Ordner im Fenster – zu klein, nutzen Sie die Tastenkombination `Strg`+`+` zum Vergrößern und `Strg`+`-`, um die Ansicht zu verkleinern.

Dateivorschau mit GNOME-Sushi

GNOME-Sushi ist eine schnelle Dateivorschau für Nautilus. So zeigen sich damit nicht nur Bilder stärker vergrößert (als das Icon-Symbol im Fenster), sondern Musikdateien werden abgespielt, ohne den Musikplayer zu öffnen und Videos werden abgespielt, ohne den Videoplayer zu öffnen. Auch der Inhalt von PDF-Dateien wird so sichtbar, ohne den Dokumentbetrachter zu öffnen – Sie erhalten somit einen schnellen Blick auf die jeweilige Datei. Sie installieren diese Software als Debian-Paket (siehe Abschnitt 5.2.2) über das Paket »gnome-sushi« – anschließend klicken Sie die gewünschte Datei mit der linken Maustaste an und drücken die `Leertaste`. Ein erneutes Drücken der `Leertaste` schließt die Vorschau wieder.

Ubuntu hat die nötige Software, um komprimierte Archive zu öffnen (etwa ZIP, Tar.gz ...), bereits vorinstalliert. Sie nutzen die Software ganz einfach im Dateimanager Nautilus per Kontextmenü. Um ein komprimiertes Archiv zu entpacken, wählen Sie HIER ENTPACKEN – alternativ wählen Sie ein entsprechendes Verzeichnis mit dem Eintrag ENTPACKEN NACH ...

6.1.2 Firefox – der Webbrowser

Firefox ist nicht nur unter Microsoft Windows bekannt. Unter Linux – also auch unter Ubuntu – ist Firefox der Standard-Webbrowser (Abbildung 6.2).

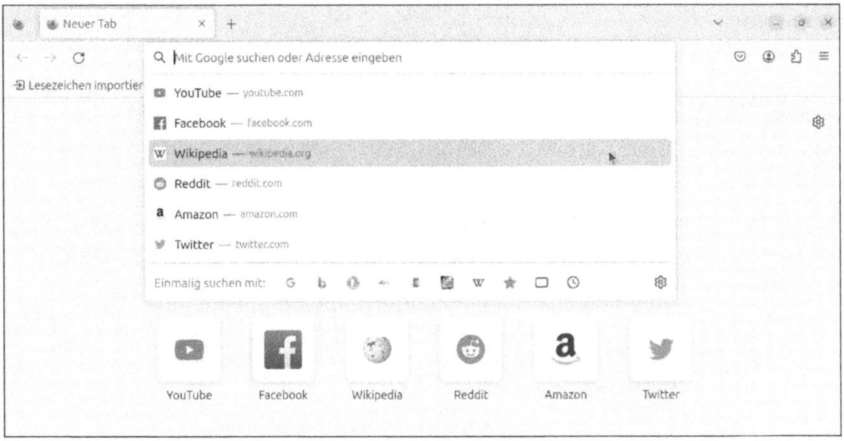

Abb. 6.2: Firefox – der Standard-Webbrowser unter Ubuntu

Wie viele andere Webbrowser lässt sich Firefox durch sogenannte Add-ons erweitern. Solche Erweiterungen können Werbeblocker sein, aber auch etwa Webseiten in andere Sprachen übersetzen und vieles mehr. Sie können nach solchen Add-ons über das Menü (der Schalter ganz rechts oben) und den Eintrag Add-ons und Themes suchen, alternativ durchstöbern Sie die Webseite *https://addons.mozilla.org/de/firefox/*. Die Installation gelingt ganz einfach per Mausklick auf den Schalter Zu Firefox hinzufügen – anschließend fragt Firefox zur Sicherheit noch einmal nach und Sie bestätigen die Installation (siehe Abbildung 6.3).

Abb. 6.3: Firefox mit Add-ons erweitern

6.1.3 Thunderbird – der E-Mail-Client

Die schon oft totgesagte E-Mail hat schon einige Zeit überlebt und ist im Internet eine wichtige Art der Kommunikation. Viele Benutzer rufen ihre E-Mails über den Webbrowser bei ihrem Anbieter ab. Doch der Webbrowser ist für solche Angelegenheiten nicht gerade komfortabel – er ist nicht nur langsam, sondern E-Mails lassen sich über einen E-Mail-Client auch besser verwalten. Thunderbird ist der Standard-E-Mail-Client unter Ubuntu und sehr einfach zu nutzen.

Beim ersten Start der Software geben Sie Ihre E-Mail-Adresse und das zugehörige Passwort ein – den Rest erledigt Thunderbird von selbst (Abbildung 6.4).

Links finden Sie die Verzeichnis-Hierarchie Ihres E-Mail-Accounts – ein Klick darauf öffnet den jeweiligen Inhalt. Ein Klick auf einen E-Mail-Eintrag zeigt darunter deren Inhalt an.

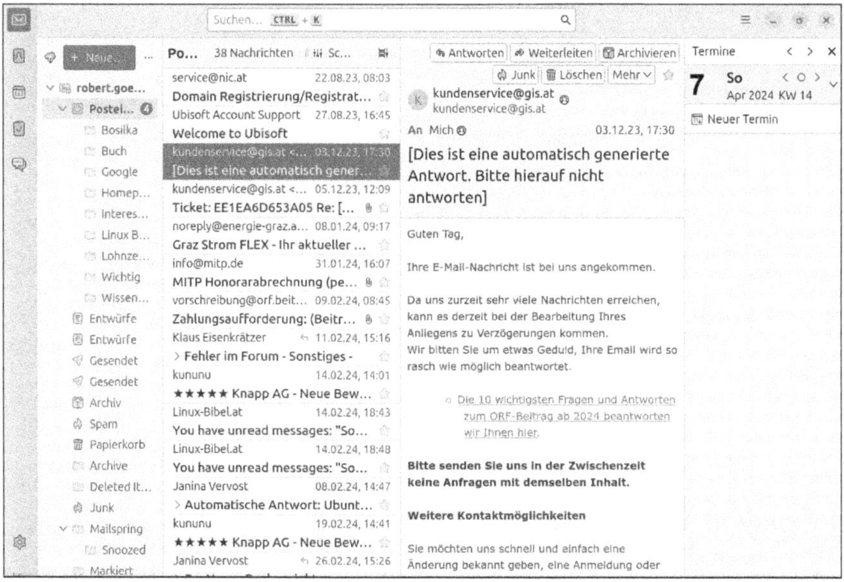

Abb. 6.4: Thunderbird – der E-Mail-Client

Mit den entsprechenden Schaltern oben erstellen Sie neue E-Mails oder durchsuchen die vorhandenen nach Schlagwörtern – auch das Adressbuch ist dort zu finden. Mit den Schaltern direkt über der E-Mail antworten Sie oder löschen nicht mehr benötigte Nachrichten.

In der Liste links lassen sich neue Ordner per Rechtsklick erstellen, sodass Sie Ihre E-Mails besser organisieren können. E-Mails ziehen Sie aus der Liste rechts ganz einfach in den gewünschten Ordner.

Standardmäßig ruft Thunderbird alle zehn Minuten Ihre E-Mails vom Server ab, dies und mehr lässt sich in den Einstellungen anpassen. Sie finden die Einstellungen rechts oben über den Schalter mit den drei Linien und den Eintrag »Konten-Einstellungen« (siehe Abbildung 6.5).

Hier finden Sie unter den »Server-Einstellungen« das Intervall, nach dem Thunderbird Ihre E-Mails abruft, und links in der Liste noch weitere Einstellungen. So finden sich unter dem Eintrag »Junk-Filter« auch die Einstellungen für den Spamfilter – hier lässt sich unter anderem anpassen, was mit erkanntem Spam automatisch geschehen soll.

Auch lassen sich E-Mails heute in Thunderbird ganz einfach ohne die Installation von Erweiterungen verschlüsseln.

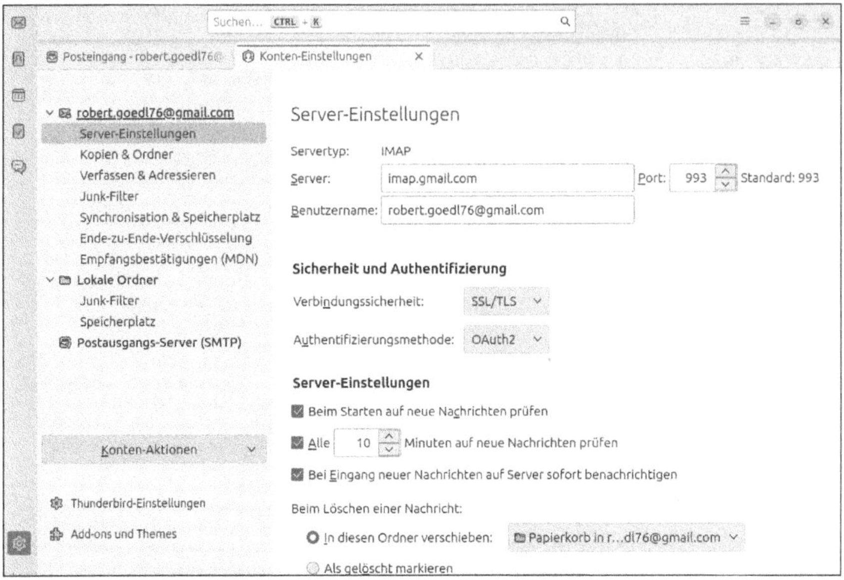

Abb. 6.5: Thunderbird – Konten-Einstellungen

Info zur Verschlüsselung

Bei einer E-Mail handelt es sich um eine reine Textdatei. Diese wandert über E-Mail-Server so durch das Internet, dass diese jeder mit dem nötigen Wissen lesen kann – so etwa die Administratoren von E-Mail-Servern. Durch Verschlüsselung schieben Sie dem einen Riegel vor.

In den zuvor beschriebenen Einstellungen finden Sie unter anderem den Eintrag »Ende-zu-Ende-Verschlüsselung« – hier klicken Sie auf den Schalter SCHLÜSSEL HINZUFÜGEN und wählen NEUEN OPENPGP-SCHLÜSSEL HINZUFÜGEN. Im sich öffnenden Assistenten klicken Sie nur noch auf den Schalter SCHLÜSSEL ERSTELLEN.

Nachdem die Software den Schlüssel erstellt hat, lässt sich noch anpassen, ob Sie E-Mails automatisch verschlüsseln und oder signieren möchten. Über den Schalter OPENPGP-SCHLÜSSEL VERWALTEN können Sie Ihren öffentlichen Schlüssel per E-Mail an Ihre Kontakte versenden – dieser wird benötigt, um Ihnen verschlüsselte E-Mails senden zu können (jemand, der Ihnen eine verschlüsselte E-Mail senden möchte, benötigt Ihren öffentlichen Schlüssel – umgekehrt benötigen Sie den öffentlichen Schlüssel des Empfängers, um diesem eine verschlüsselte E-Mail zu senden). Den Rest (verschlüsseln und entschlüsseln) erledigt Thunderbird anschließend alleine oder je nach Ihren Einstellungen auch manuell über die Schalter VERSCHLÜSSELN und SIGNIEREN (siehe Abbildung 6.6).

Signieren von E-Mails

Das Signieren von E-Mails verhindert zwar nicht, dass andere Ihre E-Mails lesen können – die Signatur zeigt dem Empfänger jedoch, dass die E-Mail wirklich von Ihnen stammt und nicht verändert wurde.

Thunderbird besitzt auch einen integrierten Kalender und eine Verwaltung für Aufgaben – an diese gelangen Sie rechts oben über die beiden Schalter ZUM KALENDER-TAB WECHSELN und ZUM AUFGABEN-TAB WECHSELN (Abbildung 6.7).

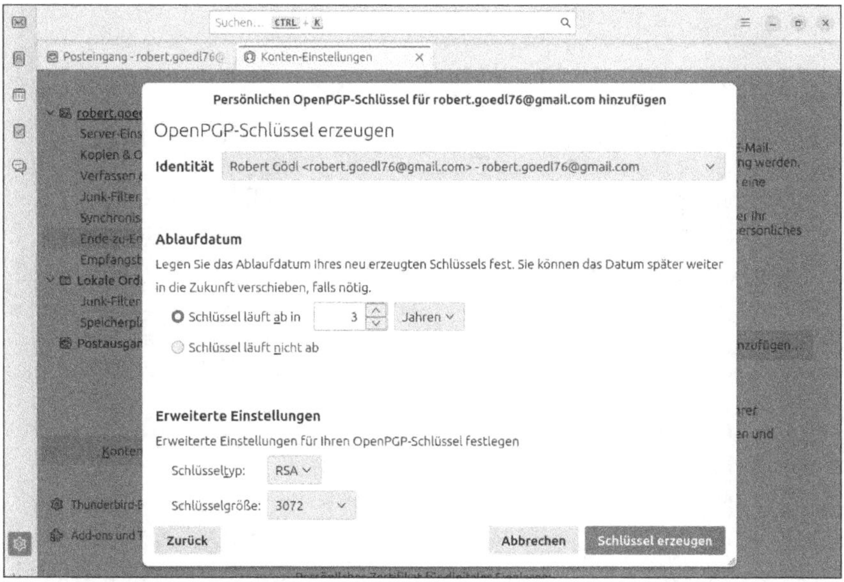

Abb. 6.6: Einstellungen zur Verschlüsselung von E-Mails in Thunderbird

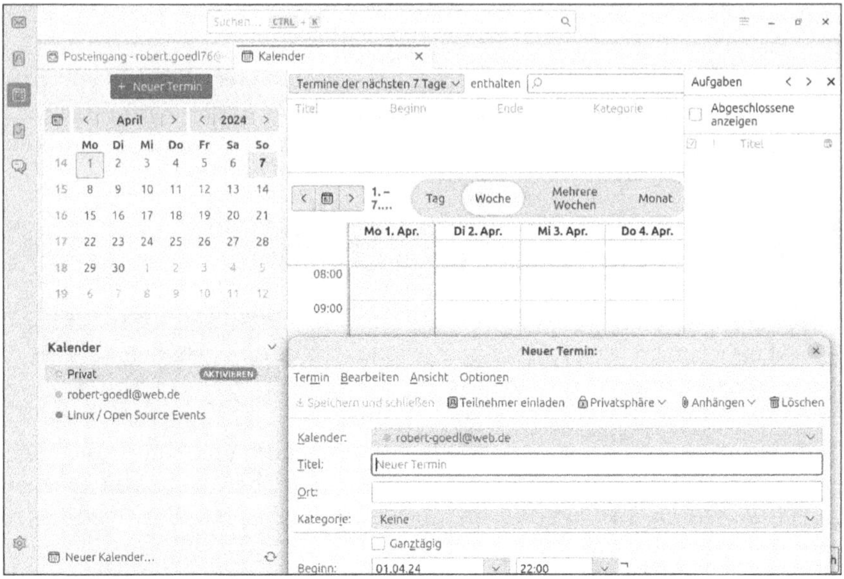

Abb. 6.7: Kalender in Thunderbird

6.1.4 LibreOffice – die Office-Suite

LibreOffice ist eine zu Microsoft Office kompatible Office-Suite mit einer Textverarbeitung, einer Tabellenkalkulation und einer Software zum Erstellen von Präsentationen. Zusätzlich lassen sich mit der Office-Suite Grafiken und mathematische Formeln erstellen und mit Datenbanken arbeiten.

Kompatibel bedeutet, dass sich mit LibreOffice unter Microsoft Office erstellte Dokumente öffnen und bearbeiten lassen. Es kann jedoch sein, dass die Dokumente unter der jeweiligen anderen Office-Suite etwas anders aussehen – besonders aufwendige Formatierungen können Schwierigkeiten machen. Auch unter Microsoft Office erstellte Makros lassen sich nicht nutzen und umgekehrt funktioniert dies ebenfalls nicht. In Abbildung 6.8 sehen Sie einige Vorlagen von Microsoft Office unter LibreOffice.

LibreOffice lässt sich durch Erweiterungen im Funktionsumfang erweitern – solche Erweiterungen finden Sie für alle möglichen Aufgaben unter *https://extensions.libreoffice.org/* zum Download. So lässt sich etwa durch die Erweiterung »LanguageTool« die Grammatik deutlich verbessern.

Um eine oder mehrere Erweiterungen zu installieren, laden Sie diese herunter und öffnen in LibreOffice das Menü EXTRAS|EXTENSION-MANAGER. Im sich öffnenden Fenster klicken Sie auf den Schalter HINZUFÜGEN und es öffnet sich der Dateimanager. Sie navigieren zur heruntergeladenen Datei und wählen diese aus – damit wäre die Erweiterung installiert. Nach einem Neustart von LibreOffice ist die Erweiterung nutzbar.

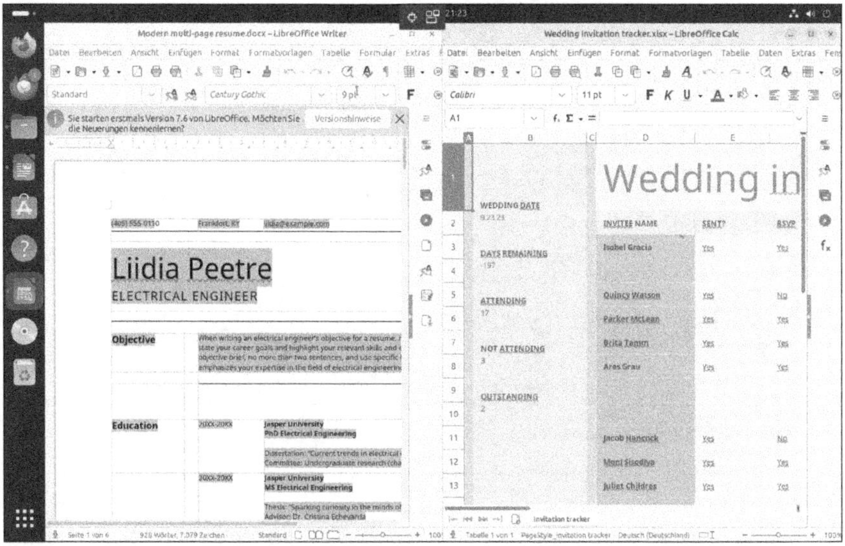

Abb. 6.8: Microsoft Office-Vorlagen in LibreOffice

6.1.5 Shotwell – Fotos verwalten

Shotwell dient dazu, digitale Fotos zu sammeln, zu organisieren und wiederzufinden. Mit dieser Software importieren Sie Bilder von externen Datenträgern, aus normalen Verzeichnissen und von digitalen Kameras.

Vor allem bei größeren Fotosammlungen ist das Suchen schwieriger – Shotwell kann Fotos nach Uhrzeit, nach von Ihnen erstellten Ereignissen und nach von Ihnen erstellten Kategorien organisieren – so fällt das Wiederfinden der Fotos viel leichter (siehe Abbildung 6.9).

Standardmäßig zeigt die Software alle Bilder auf einmal in einer Übersicht an. Sie vergrößern ein Bild ganz einfach mit einem Doppelklick. Mit [Esc] gelangen Sie wieder zurück in die Übersicht.

Mit einem Rechtsklick auf ein Foto gelangen Sie in das Kontextmenü. Hier lässt sich das Foto mit Stichworten und Kommentaren versehen. Dies dient zum einfacheren Wiederfinden. Auch mit Sternchen lassen sich Fotos versehen. Erstellte Kommentare und dergleichen finden Sie anschließend links in der Liste – ein Klick auf einen solchen Eintrag öffnet alle so markierten Fotos in der Übersicht.

Abb. 6.9: Fotos mit Shotwell sammeln

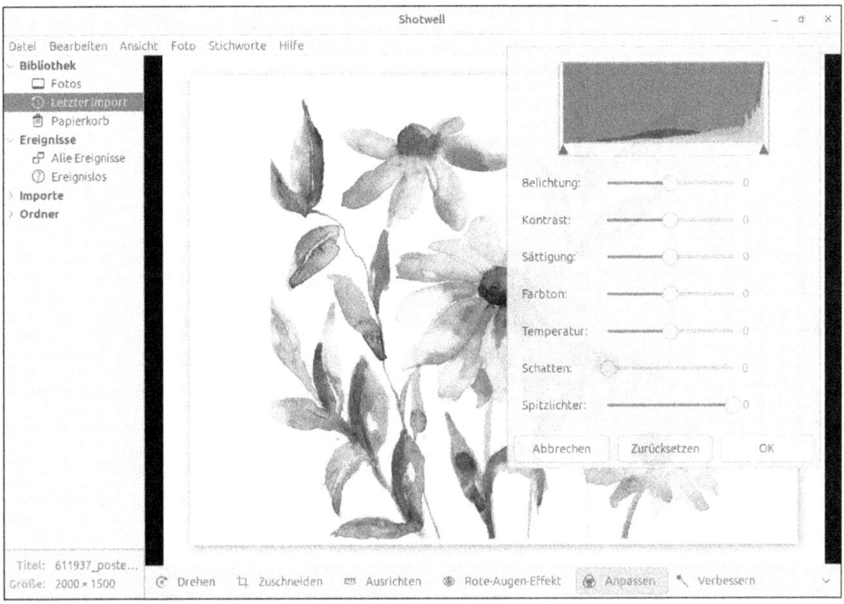

Abb. 6.10: Fotos in Shotwell anzeigen und einfach bearbeiten

Haben Sie ein Bild mit einem Doppelklick vergrößert, lässt sich dieses auch mit einfachen Methoden bearbeiten, verbessern und zuschneiden (siehe Abbildung 6.10).

6.1.6 Rhythmbox – Musikplayer

Rhythmbox ist die Standard-Anwendung zum Sammeln und Abspielen von Musikdateien. Egal, um welches Musik-Format (MP3, OGG, WMA ...) es sich handelt – Rhythmbox wird die Dateien abspielen.

Auch mit großen Musik-Sammlungen hat diese Software keine Schwierigkeiten. Ihre Musik wird in unterschiedlichen Kategorien angezeigt. Standardmäßig durchsucht Rhythmbox den von Ubuntu automatisch angelegten Ordner »Musik«. Weitere Ordner – etwa von externen Speichermedien – lassen sich ganz einfach per Mausklick importieren.

Angezeigt wird Ihre Musik nach Genre, Künstler und Titel. Mit einem Doppelklick spielen Sie eine Datei ab. Ziehen Sie Dateien links in die Warteschlange, stellen Sie sich so eine Wiedergabeliste zusammen – diese wird abgespielt und wieder geleert. Möchten Sie dauerhafte Wiedergabelisten erstellen, klicken Sie auf den Schalter mit dem Plus über der Warteschlange und vergeben einen Namen für diese Wiedergabeliste. Ihre Wiedergabelisten zeigen sich unter dem gleichnamigen Eintrag – Dateien fügen Sie dieser per Kontextmenü hinzu (siehe Abbildung 6.11).

Abb. 6.11: Rhythmbox – Musikplayer

Mit einem Rechtsklick und der Wahl des Eintrags EIGENSCHAFTEN können Sie auch die Metadaten der jeweiligen Datei bearbeiten.

Metadaten

Metadaten sind in einer Datei enthaltene Informationen, die man eigentlich nicht sieht – eine Anwendung kann diese Metadaten jedoch nutzen, um Ihnen mehr Informationen über die Datei anzuzeigen. Je nach Dateiformat können dies unterschiedliche Arten von Informationen sein – bei Musikdateien sind dies etwa der Künstler, das Album, das Genre und weitere Daten. Metadaten, die Sie mit Rhythmbox in Dateien speichern, sind natürlich auch in anderen Mediaplayern sichtbar – etwa am Smartphone.

6.1.7 Aufgaben – Termine und Aufgaben verwalten

Mit der Software *Aufgaben* verwalten Sie auf einfache Weise Ihre Aufgaben und Termine. Sie ist unter Ubuntu 24.04 nicht mehr automatisch installiert, dies können Sie jedoch über die Paket-Verwaltung (siehe Abschnitt 5.2.2) durch die Installation des Pakets »gtg« nachholen. Die Software zeigt gleich beim ersten Öffnen einige Beispiele. Unter dem Titel »Aufgaben« finden sich erst einmal zwei leere Aufgaben. Diese enthalten nur eine Überschrift. Unter dem Titel »Erste Schritte mit GTG ...« finden sich die genannten Beispiele und Anleitungen, wie Sie die Software und deren Möglichkeiten nutzen können (siehe Abbildung 6.12).

Klicken Sie doppelt auf einen Eintrag, öffnet sich dieser. Mit einem Klick auf den Schalter mit dem Plus ganz links oben erstellen Sie neue Aufgaben. Im sich öffnenden Fenster geben Sie einen Titel an, um die Aufgaben wiederfinden zu können und daneben lassen sich Unteraufgaben erstellen – also kleinere Aufgaben, die zur übergeordneten Aufgabe gehören. Auch Schlagworte können erstellt werden, um das Wiederfinden zu vereinfachen, und ganz rechts oben geben Sie an, wann Sie mit der Aufgabe beginnen wollen und wann diese beendet sein soll.

Den Status von Aufgaben können Sie im geöffneten Fenster der Aufgabe als komplett erledigt markieren, indem Sie eine Aufgabe im Hauptfenster rechts anklicken und im Kontextmenü den passenden Eintrag anklicken (siehe Abbildung 6.13).

Abb. 6.12: Aufgaben – Aufgaben und Termine verwalten

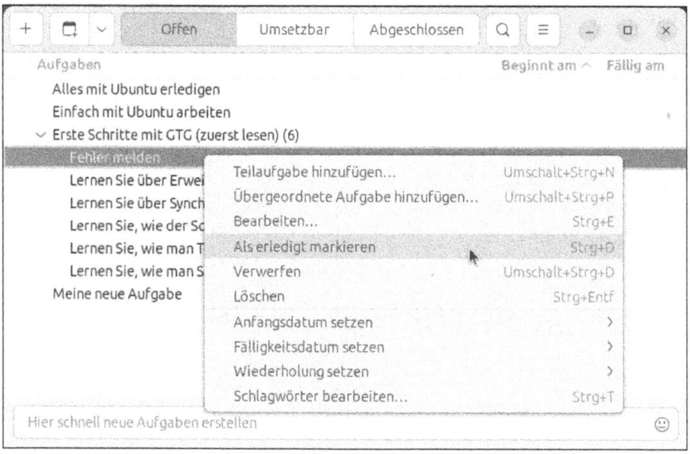

Abb. 6.13: Aufgaben – Aufgaben und Termine verwalten

6.1.8 Evince – der PDF-Betrachter

Evince ist der PDF-Betrachter unter Ubuntu – damit lassen sich also PDF-Dateien anzeigen und ausfüllbare PDF-Dateien ausfüllen. Klicken Sie eine PDF-Datei im Dateimanager doppelt an, öffnet sich Evince automatisch und zeigt den Inhalt der Datei an.

Sind darin Felder zum Ausfüllen vorhanden, klicken Sie einfach in das jeweilige Feld und beginnen zu schreiben.

Klicken Sie auf den Schalter mit dem kleinen Stift links oben, lässt sich das PDF-Dokument mit eigenen Notizen versehen oder Texte markieren. Der erste Schalter links oben dient dazu, eine schnelle Übersicht über das Dokument in einer Liste links anzuzeigen (siehe Abbildung 6.14).

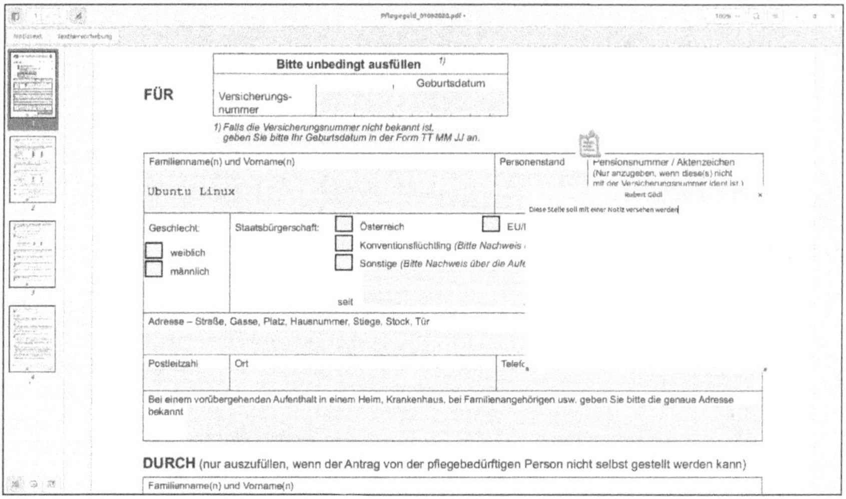

Abb. 6.14: Evince – Dokumentbetrachter

6.2 Alternativen zu Windows-Anwendungen

Ubuntu hat gerade einmal die wichtigsten Anwendungen vorinstalliert, um mit einem Computer sinnvoll arbeiten zu können. Wie Sie weitere Software installieren, lesen Sie ab Abschnitt 5.2. Da Ubuntu auf Debian basiert, haben Sie Zugriff auf Tausende weitere Anwendungen. Zusätzliche Software finden Sie per Flatpak (siehe Abschnitt 5.2.3) und Snap (Abschnitt 5.2.1).

In diesem Abschnitt finden Sie Alternativen zu den unter Microsoft Windows häufig genutzten Anwendungen. Viele Alternativen lassen sich unter Ubuntu ganz einfach über die Software-Verwaltung installieren, andere können Sie im Internet downloaden. Zahlreiche freie Anwendungen stehen ihren kommerziellen Pendants unter Windows in nichts nach, einige bieten sogar mehr professionelle Funktionen.

6.2.1 Master PDF Editor – Alternative zu Adobe Acrobat Pro

Master PDF Editor ist eine professionelle Alternative zur bekannten PDF-Suite unter Windows. Mit dieser Software lassen sich einfache PDF-Dateien erstellen und mit ausfüllbaren Feldern und Schaltern versehen und vielem mehr.

Master PDF Editor ist keine freie Software, sondern Software, die Sie kostenlos in den Funktionen uneingeschränkt nutzen können – in der kostenlosen Version wird dem erstellten PDF jedoch ein Wasserzeichen hinzugefügt. Möchten Sie die Software im vollen Umfang nutzen – also ohne Wasserzeichen –, müssen Sie für die Lizenz rund 65 € erwerben – im Gegensatz zu Adobe Acrobat Pro als Abo aber immer noch ein Schnäppchen.

Sie finden diese Software als DEB-Paket für Ubuntu zum Download unter:

https://code-industry.net/free-pdf-editor/#get

Zur Installation nutzen Sie am einfachsten die Paket-Verwaltung von Debian wie in Abschnitt 5.2.2 beschrieben – Sie installieren also GNOME Software, anschließend klicken Sie das heruntergeladene Paket rechts an und wählen ÖFFNEN MIT|MIT ANDERER ANWENDUNG ÖFFNEN|SOFTWARE-INSTALLATION. Anschließend brauchen Sie nur noch auf den Schalter INSTALLIEREN zu klicken.

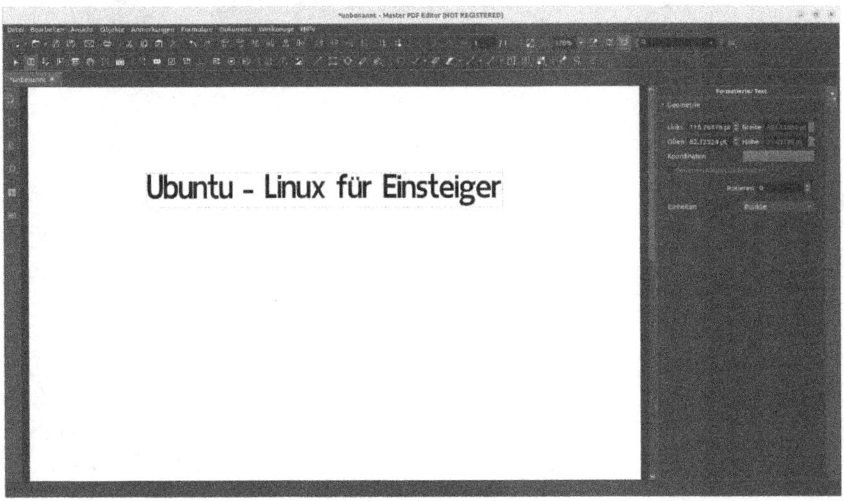

Abb. 6.15: Master PDF Editor – Alternative zu Adobe Acrobat Pro

6.2.2 Scribus – freie Alternative zu Adobe Acrobat Pro, Affinity Publisher und VivaDesigner

Im Gegensatz zu Master PDF Editor ist Scribus freie Software und kann auch als Alternative zu Affinity Publisher oder VivaDesigner gesehen werden.

Mit Scribus erstellen Sie PDF-Dateien mit Schaltern und ausfüllbaren Feldern, aber auch Werbe-Flyer oder kleine Zeitschriften. Scribus ist zwar etwas umständlicher zu bedienen – bringt nach etwas Zeit der Einarbeitung jedoch sehr professionelle Ergebnisse. Sie installieren diese Software unter Ubuntu ganz einfach über die Software-Verwaltung als Debian-Paket.

Zu Beginn legen Sie die Art des zu erstellenden Dokuments fest – also die Anzahl und die Ausrichtung der Blätter. Alternativ nutzen Sie eine der vorhandenen Vorlagen (siehe Abbildung 6.16).

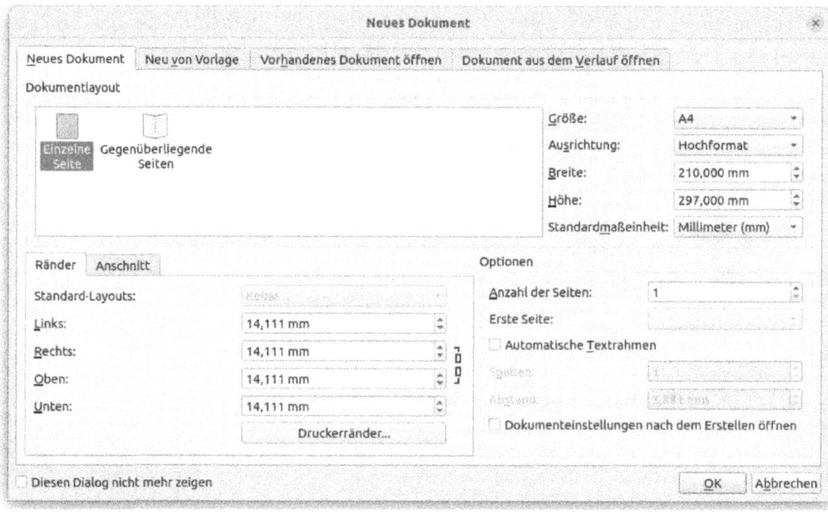

Abb. 6.16: Neues Dokument mit Scribus erstellen

Scribus arbeitet mittels Rahmen – Textrahmen und Bilderrahmen. Dies bedeutet, Sie wählen im Editor den gewünschten Rahmen über Schaltflächen und ziehen den Rahmen wie gewünscht auf. In diesen Rahmen schreiben Sie anschließend den Text oder fügen das Bild ein. Per Kontextmenü passen Sie anschließend die Eigenschaften an.

Passt Text nicht in einen Rahmen, verknüpfen Sie mehrere Rahmen einfach per Kontextmenü miteinander und der Text fließt automatisch in den nächsten Rahmen über. Die Eigenschaften von Bildern passen Sie ebenfalls über das

Kontextmenü per Rechtsklick an – dort nehmen Sie auch die Formatierung von Text vor.

Zu Beginn scheint die Arbeit mittels Rahmen und Kontextmenü etwas umständlich – diese Art zu arbeiten zeigt aber schnell die Vorzüge dieser Software: Alles lässt sich ändern und anpassen, ohne andere Bestandteile des Dokuments zu beeinflussen.

Ganz rechts in der Werkzeugleiste finden Sie übrigens die Werkzeuge für Schalter und deren Eigenschaften und Felder mit all den nötigen Optionen. Auch Schalter und Felder fügen Sie erst als Rahmen ein, anschließend bestimmen Sie per Kontextmenü deren Eigenschaften.

Einen einfachen Flyer als Beispiel sehen Sie in Abbildung 6.17.

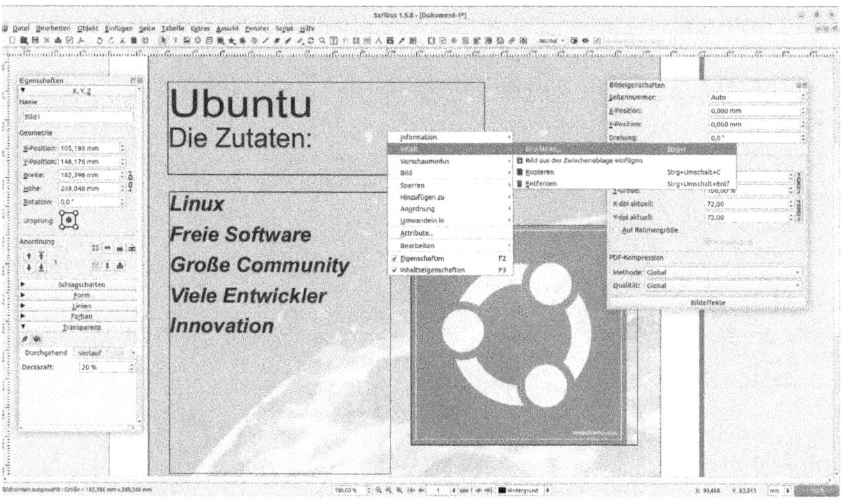

Abb. 6.17: Ein Beispiel-Dokument in Scribus

6.2.3 Onlyoffice – Alternative zu Microsoft Office

LibreOffice (siehe Abschnitt 6.1.4) ist zwar die unter Ubuntu (Linux) meist genutzte Office-Suite, hat aber immer wieder Probleme mit komplexen Formatierungen aus Microsoft Office. So sehen Dokumente, die mit Microsoft Office erzeugt wurden, unter LibreOffice nicht immer so aus, wie sie aussehen sollten. Hier setzt die ebenfalls freie Software Onlyoffice an – egal, ob in Onlyoffice oder in Microsoft Office erstellt, die Dokumente sehen in beiden Office-Suiten immer gleich aus. Probleme mit der Kompatibilität kennt Onlyoffice nicht.

Sie installieren die Software ganz einfach über Ubuntu Software als Snap-Paket. Onlyoffice verfügt über eine Textverarbeitung, eine Tabellenkalkulation und eine Software zur Präsentation. Eine Software zur Bearbeitung von Grafiken und mathematischen Formeln sowie einer Anbindung zu Datenbanken fehlt Onlyoffice allerdings. Onlyoffice lässt sich wenn gewünscht jedoch problemlos neben LibreOffice betreiben.

Anders als LibreOffice zeigt sich Onlyoffice im Anwendungsmenü unter nur einem Eintrag – dieser nennt sich »Onlyoffice Desktop Editors«. Es öffnet sich ein Fenster, über das Sie dann die gewünschte Anwendung starten (Abbildung 6.18).

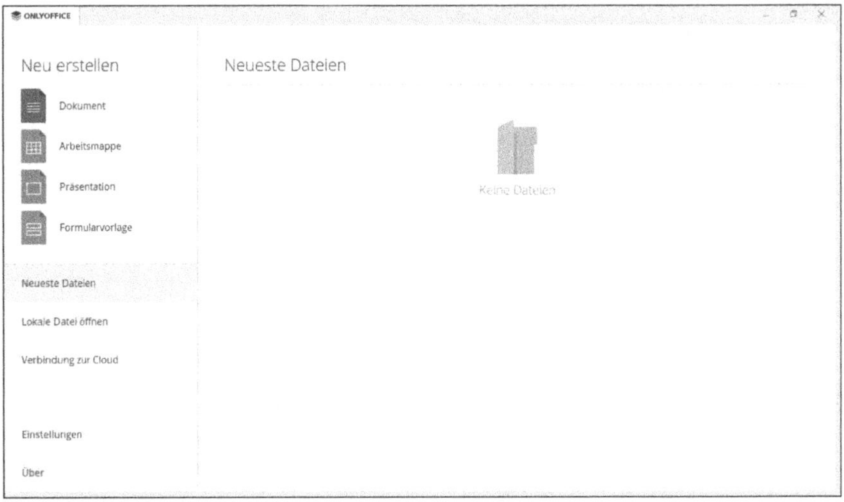

Abb. 6.18: Onlyoffice – Startfenster

Als Erstes stellen Sie über den Schalter SETTINGS unten links die Sprache auf Deutsch um und klicken auf den Schalter ANWENDEN – ohne Neustart stellt sich die Anwendung auf Deutsch um.

Über die jeweiligen Schalter oben links erstellen Sie neue Dokumente, über LOKALE DATEI ÖFFNEN öffnen Sie bereits vorhandene Dokumente.

Neben lokalen Dokumenten kann die Software auch mit solchen aus der Cloud umgehen – Onlyoffice kann die Cloud der Firma hinter Onlyoffice nutzen, diese ist jedoch eher für Firmen gedacht und dementsprechend teuer. Sie kann jedoch auch mit zahlreichen anderen Online-Speichern umgehen, unter anderem mit kostenlosen wie etwa Nextcloud oder ownCloud – den passenden Schalter hierzu finden Sie unter VERBINDUNG ZUR CLOUD.

Im Vergleich zu LibreOffice ist Onlyoffice optisch moderner gehalten. So nutzt Onlyoffice ohne weitere Konfiguration sogenannte *Menü-Bänder* wie auch Microsoft Office (siehe Abbildung 6.19 mit einer Vorlage von Microsoft Office).

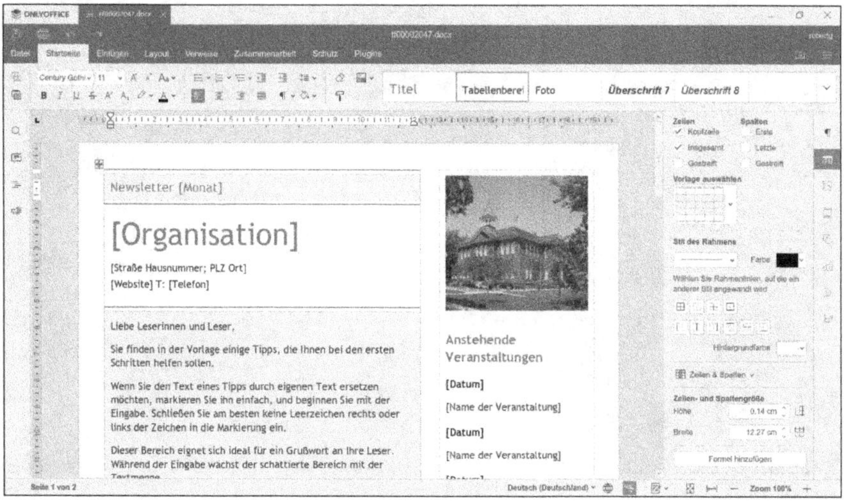

Abb. 6.19: Onlyoffice mit einer Microsoft-Office-Vorlage

6.2.4 BricsCAD – Alternative zu AutoCAD

AutoCAD ist so gesehen der Quasi-Standard für CAD unter Microsoft Windows – die Firma, die diese Software entwickelt, zeigt jedoch keine Ambitionen, AutoCAD auch für Linux bereitzustellen.

Eine mögliche Alternative zu AutoCAD ist jedoch die Software BricsCAD von Bricsys. BricsCAD ist zu AutoCAD vollständig kompatibel, das bedeutet, Sie können natürlich auch unter AutoCAD erstellte Dokumente mit BricsCAD weiterbearbeiten.

BricsCAD ist eine kommerzielle Software und kostet je nach Umfang 590 € (einmalig) bis 2100 € (einmalig), auch ein jährliches Abo (geringerer Preis) ist möglich. Die Software ist jedoch auch für den äußerst professionellen Einsatz in Firmen geeignet. Eine kostenlose Alternative finden Sie im folgenden Abschnitt.

Es gibt eine kostenlose Testversion zum Download. Diese können Sie in vollem Umfang und ohne Einschränkungen für 30 Tage testen:

https://boa.bricsys.com/download.do

Das heruntergeladene DEB-Paket installieren Sie ganz einfach, wenn Sie die Datei rechts anklicken und ÖFFNEN MIT|MIT ANDERER ANWENDUNG ÖFFNEN|SOFTWARE-INSTALLATION wählen (Abbildung 6.20).

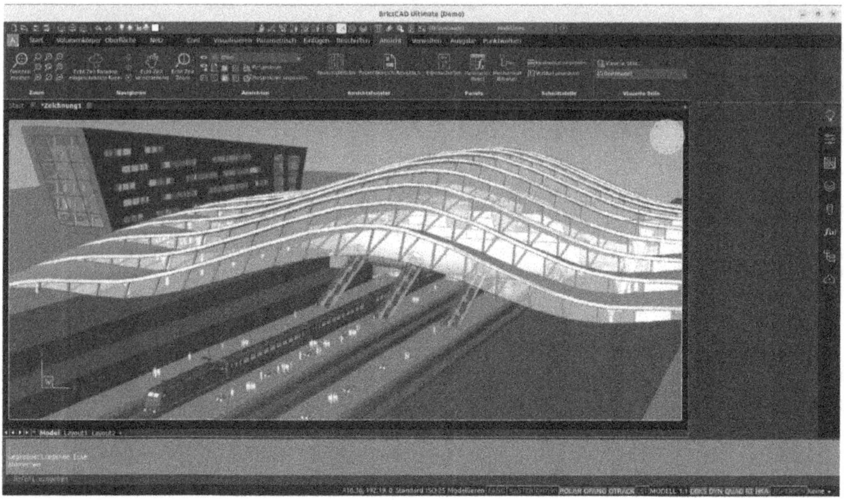

Abb. 6.20: BricsCAD – Alternative zu AutoCAD

6.2.5 FreeCAD – Alternative zu AutoCAD

FreeCAD ist eine kostenlose Alternative zu AutoCAD und freier Software. Die Bedienung ist etwas ungewohnt, wenn man bisher mit anderen Anwendungen dieser Art vertraut war – dies sollte sich nach kurzer Zeit jedoch schnell legen.

Von einfachen 2D-Zeichnungen bis hin zu 3D-Modellen von Maschinenteilen und ganzen Maschinen modellieren Sie mit dieser Software alles wie auch in den kommerziellen Anwendungen dieser Art. Dateien von AutoCAD lassen sich mit FreeCAD jedoch nicht weiterverarbeiten.

Sie installieren diese Software über Ubuntu Software als DEB-Paket, alternativ als Snap-Paket in aktuellerer Version (Abbildung 6.21).

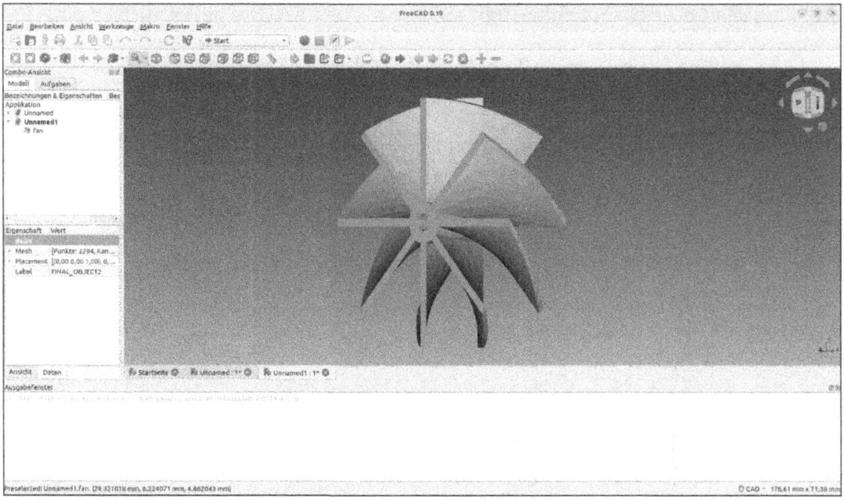

Abb. 6.21: FreeCAD – Alternative zu AutoCAD

6.2.6 GIMP – Alternative zu Photoshop

Photoshop ist die unter Microsoft Windows wohl am häufigsten genutzte Software zum Bearbeiten von Fotos. Unter Linux können Sie nur ältere Versionen dieser Software unter Wine (siehe Abschnitt 5.5.1) installieren – aktuellere lassen sich also nicht nutzen. Die Software ist einfach zu kompliziert aufgebaut.

GIMP wird zu Unrecht als nur sehr einfache Bildbearbeitung und nicht mit Photoshop ebenbürtig bezeichnet. Die meisten Benutzer sehen jedoch nur oberflächlich auf diese Software und finden entsprechende Einträge für die gesuchten Funktionen nicht in den Menüs. GIMP ist auch eine Alternative und kein Nachbau von Photoshop. Es hat ähnliche Funktionen, diese finden sich aber meist in anderen Menüs. Hat man die Umgewöhnung erst einmal überwunden, ist GIMP Photoshop nicht wirklich unterlegen. Auch lassen sich unter Photoshop erzeugte Dateien mit GIMP weiterbearbeiten.

Sie installieren GIMP über Ubuntu Software als Debian-Paket – alternativ als Snap-Paket – zwischen beiden Paketen gibt es keinen Unterschied. Sie erhalten GIMP so mit seinen Basis-Funktionen. Sie sollten jedoch weitere Funktionen, Filter und Pinsel nachinstallieren. Dies gelingt über die Debian-Pakete mit den Bezeichnungen »gimp-data-extras« und »gimp-plugin-registry« und am schnellsten über das Terminal (siehe Abschnitt 4.3) mit den folgenden Befehlen:

```
sudo apt update
sudo apt install gimp-data-extras gimp-plugin-registry
```

GIMP lässt sich im Ein-Fenster-Modus betreiben sowie im Mehr-Fenster-Modus. Der Ein-Fenster-Modus ist vor allem dann vorteilhaft, wenn man an Photoshop gewöhnt ist (Abbildung 6.22).

Abb. 6.22: GIMP im Ein-Fenster-Modus

Im Mehr-Fenster-Modus wird das einzelne Fenster in drei Fenster aufgeteilt – in einem Fenster liegen die Werkzeuge, in einem weiteren das eigentliche Bild und es gibt ein Fenster mit den Ebenen, Pfaden und Pinseln. Der Mehr-Fenster-Modus ist vor allem dann hilfreich, wenn Sie mehrere Bildschirme am Computer angeschlossen haben. So legen Sie beispielsweise die beiden kleinen Fenster mit den Werkzeugen auf einen Monitor und das zu bearbeitende Bild auf einen anderen.

Um zwischen dem Ein-Fenster-Modus und dem Mehr-Fenster-Modus umzuschalten, nutzen Sie das Menü FENSTER|EINZELFENSTER-MODUS (siehe Abbildung 6.23). Über dasselbe Menü schalten Sie wieder zurück.

Abb. 6.23: GIMP im Mehr-Fenster-Modus

6.2.7 GNOME Paint – Alternative zu Microsoft Paint

Für kleine Berichtigungen an Fotos, Text in Fotos einfügen und ähnliche kleine Aufgaben ist GIMP zu überdimensioniert – hier genügt oft eine kleinere Anwendung. Unter Windows nimmt man für solche Aufgaben gerne Microsoft Paint – eine Alternative unter Ubuntu wäre GNOME Paint.

Sie installieren GNOME Paint über Ubuntu Software. Die Funktionen sind ähnlich einfach gehalten wie die des Microsoft-Pendants (Abbildung 6.24).

Abb. 6.24: GNOME Paint – Alternative zu Microsoft Paint

6.2.8 Darktable – Alternative zu Adobe Lightroom

Moderne digitale Kameras können nicht nur einfache JPEG-Fotos erstellen, sondern auch Roh-Fotos aufnehmen – hierzu zählen auch viele Smartphones.

Digitale Kameras nehmen ohne weitere Einstellungen normale Fotos im JPEG-Format auf – dies bedeutet, die Software der Kamera übernimmt die Entwicklung der Fotos. Je nach Hersteller ist die Qualität dann unterschiedlich, besser oder schlechter – dabei können moderne Objektive meist bessere Qualität liefern.

Roh-Fotos werden so im Speicher der Kamera gespeichert wie das Objektiv, also die Hardware der Kamera, die Umgebung wirklich wahrnimmt. Sie selbst übernehmen dann die Entwicklung – mit der richtigen Software gelingt dies fast automatisch. Die Farben und Kontraste erscheinen im entwickelten Bild dann viel natürlicher, Fotos wirken realistischer. Sie können die Entwicklung in der Software natürlich auch beeinflussen.

Unter Windows ist für die Entwicklung von Roh-Bildern vor allem die Software Lightroom von Adobe im Einsatz. Die Software gibt es unter Linux nicht – Darktable ist jedoch ein großartiger Ersatz und auch von Fotografen entwickelt.

Sie installieren diese Software unter Ubuntu über Ubuntu Software. Sie ist als DEB-Paket wie auch als Snap-Paket verfügbar – das Snap-Paket belegt mehr Platz auf der Festplatte, ist aber auch aktueller.

Roh-Fotos

Roh-Fotos haben meist die Dateiendung ».dng«, dies kann je nach Hardware-Hersteller aber auch variieren. Solche Dateien belegen um einiges mehr Platz auf der Festplatte als normale JPEG-Fotos – dies liegt an den enthaltenen Daten. Sie beinhalten alles, was die digitale Kamera aufgezeichnet hat – die Dateigröße wird erst dadurch verringert, dass die Software der Kamera unnötige Daten entfernt. Welche Daten die Software entfernt, liegt wiederum am Hersteller, dies bringt dann einmal mehr und einmal weniger kräftige Farben. Entwickeln Sie Roh-Bilder selbst, regeln Sie auch selbst, was dabei herauskommt.

Die Software folgt nicht unbedingt Standard-Anwendungen – Sie finden so gut wie keine großen Schalter. Links besteht in Untermenüs die Möglichkeit, Roh-Fotos zu importieren – Darktable unterstützt alle bekannten Dateiformate dieser Art. Nach dem Import finden Sie diese im mittleren Teil des Fensters (siehe Abbildung 6.25).

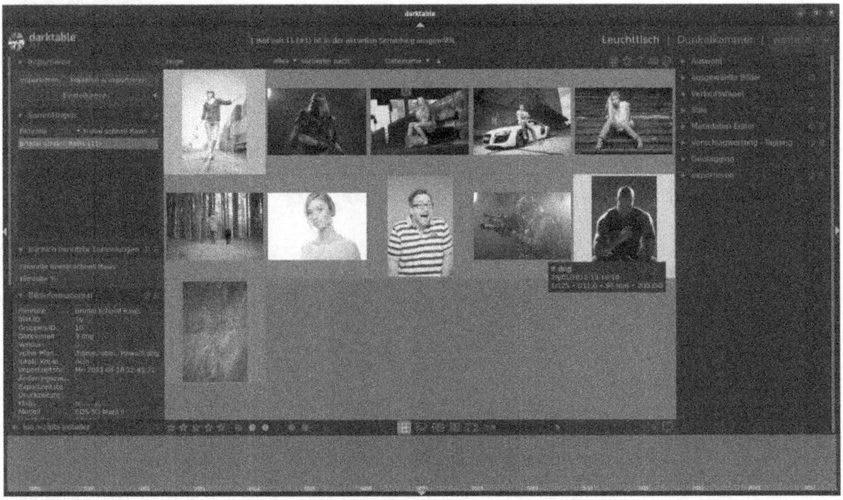

Abb. 6.25: Darktable – Alternative zu Adobe Lightroom unter Linux

Klicken Sie in der Übersicht ein Foto doppelt an, wird dieses in vergrößerter Ansicht angezeigt – der Rest der Fotos landet darunter in einem Foto-Streifen.

Rechts finden Sie nun die unterschiedlichen Möglichkeiten, die Fotos zu entwickeln. Sie öffnen einen Eintrag mit einem Klick und bearbeiten die Fotos durch Verschieben der vorhandenen Regler.

Durch das Öffnen eines Bilds – also dem Vergrößern eines solchen – wird links auch ein weiteres Menü geöffnet. Über dieses lassen sich bearbeitete Fotos in das bekannte JPEG-Format exportieren (siehe Abbildung 6.26).

Abb. 6.26: Darktable – Roh-Fotos bearbeiten und exportieren

6.2.9 Evolution – Verbindung zu Microsoft Exchange (Office 365)

In Unternehmen wird heute zur Kommunikation meist Microsoft Exchange genutzt – Kontakte und Kalender werden so über das Netzwerk aktuell gehalten.

Unter Linux war die Anbindung zu Microsoft Exchange lange Zeit reine Glückssache – heute gelingt dies über Plug-ins ganz einfach. Gerade die Software Evolution macht den ganzen Vorgang einfach, außerdem passt die Optik dieser Software zur grafischen Umgebung von Ubuntu.

Sie installieren Evolution über Ubuntu Software – wichtig im Zusammenhang mit Microsoft Exchange: Installieren Sie das Debian-Paket »evolution-ews«. Die Installation dieser Software gelingt nicht über Ubuntu Software – am schnellsten geht dies auf dem Terminal mit den Befehlen:

```
sudo apt update
sudo apt install evolution-ews
```

Normales E-Mail-Konto (ohne Exchange)

Nach der Installation von Evolution und des Plug-ins durch das Debian-Paket starten Sie Evolution und richten Ihren Account ein. Dazu geben Sie einfach

Ihren Namen und Ihre E-Mail-Adresse ein und bestätigen mit VORWÄRTS – den Rest übernimmt der E-Mail-Client (siehe Abbildung 6.27).

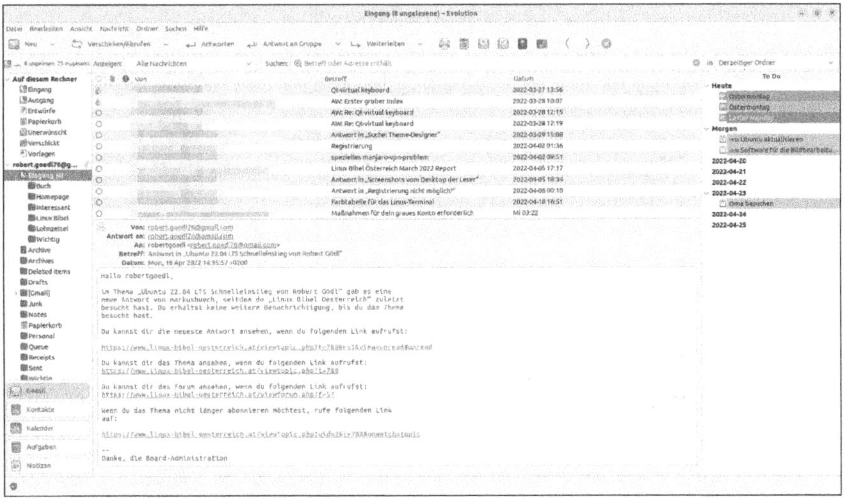

Abb. 6.27: Evolution als E-Mail-Client

Aufgaben

Evolution integriert auch durch die Software Aufgaben (siehe Abschnitt 6.1.7) erstellte Aufgaben und Termine.

E-Mail-Konto mit Exchange (Office 365)

Um ein E-Mail-Konto mit Exchange-Funktion zu erstellen, starten Sie Evolution und geben in den Einstellungen zum Server »Exchange-Webdienste« an. Weiter geht es mit den folgenden Einstellungen:

- **Benutzername** – Ihre E-Mail-Adresse.
- **Rechneradresse** – Die Adresse des Exchange-Servers, anschließend klicken Sie auf den Schalter ADRESSE HOLEN – die Software vervollständigt die Adresse dann automatisch im darunterliegenden Feld »OAB-Adresse«.
- **Legitimierung** – Mit dem Schalter PRÜFEN SIE WELCHE ARTEN UNTERSTÜTZT WERDEN passen Sie nun die Art der Authentifizierung an (durch Klicken auf den Schalter gelingt dies automatisch).

Nach einem Klick auf WEITER ist die Software mit Microsoft Exchange oder Office 365 verbunden (Abbildung 6.28).

Abb. 6.28: Einstellungen für Exchange (Office 365) unter Evolution

6.2.10 digiKam – Alternative zu ACDSee Photo Studio und ähnlichen Fotosammlungen

digiKam ist eine Software zum Sammeln und Organisieren von Fotos. In Abschnitt 6.1.5 wurde bereits Shotwell vorgestellt – digiKam ist vor allem dafür gedacht, wenn man noch mehr Funktionen möchte. Bei besonders großen Foto-Sammlungen liegt digiKam klar im Vorteil – die Software besitzt unzählige Möglichkeiten, Fotos in die Sammlungen einzuordnen.

Zu den vielen Funktionen zählen das Organisieren mittels Geodaten (GPS), die Gesichtserkennung (die Software erkennt Bilder mit Gesichtern automatisch) und das Suchen ähnlicher Fotos. Dazu lassen sich Fotos nach Datum ordnen und anzeigen, natürlich auch Alben erstellen.

Fotos lassen sich einzeln mit der integrierten Bildbearbeitung auf verschiedene Arten bearbeiten und verbessern – zudem verfügt die Software über eine Stapelbearbeitung, sodass Sie mehrere Bilder gleichzeitig mit denselben

Funktionen bearbeiten können. So lassen sich etwa auch auf mehreren Bildern gleichzeitig Wasserzeichen einfügen.

Beim ersten Start fragt die Software, ob sie diverse Engines (Hintergrunddienste) – etwa für die Gesichtserkennung – herunterladen darf, dies sollten Sie mit JA bestätigen. Anschließend öffnet sich die eigentliche Software (Abbildung 6.29).

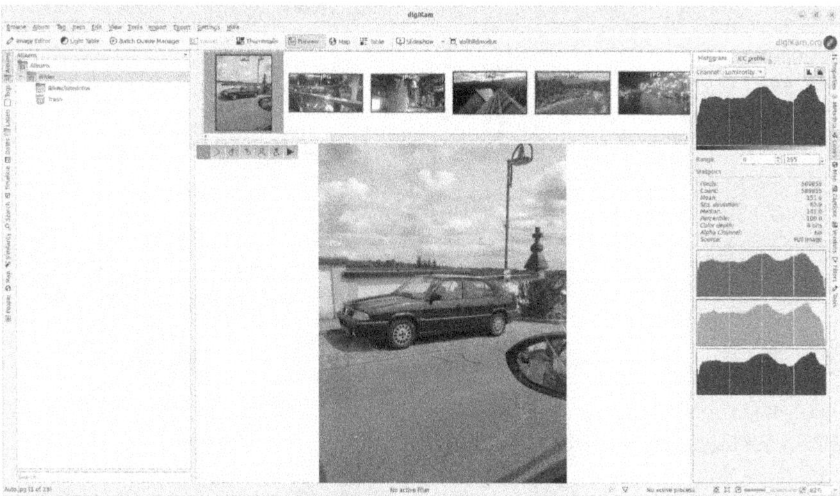

Abb. 6.29: digiKam mit der Foto-Übersicht

Zu Beginn zeigt die Software Ihre Fotos in einer Übersicht – standardmäßig das zuletzt geöffnete Album. In digiKam werden Ordner als *Alben* bezeichnet – die unterschiedlichen Alben zeigt digiKam links in der Liste.

Klicken Sie ein Foto doppelt an, öffnet sich dieses vergrößert im unteren Bereich. Die weiteren Bilder des Albums zeigen sich oben in einem Fotostreifen.

Über das Menü DURCHSUCHEN lassen sich Ihre Fotos nach unterschiedlichen Methoden kategorisieren und bewerten. WERKZEUGE hingegen gibt Ihnen die Möglichkeit, unter anderem aus ausgewählten Fotos einen Kalender oder Panorama-Fotos zu erstellen. Im selben Menü lässt sich über den BILD-EDITOR das aktuell markierte Foto bearbeiten oder über die STAPELBEARBEITUNG mehrere Fotos zur selben Zeit bearbeiten – siehe Abbildung 6.30.

Die Stapelbearbeitung funktioniert recht einfach – Sie markieren in digiKam die gewünschten zu bearbeitenden Fotos und anschließend nutzen Sie das Menü »WERKZEUGE|STAPELBEARBEITUNG. Im sich öffnenden Fenster wählen Sie unten rechts die gewünschten Werkzeuge per Doppelklick aus. Oben in der Mitte klicken Sie eines der Werkzeuge an, rechts daneben finden Sie anschließend die zugehörigen Einstellungen. Mit einem Klick auf den Schalter START links oben starten Sie den Vorgang.

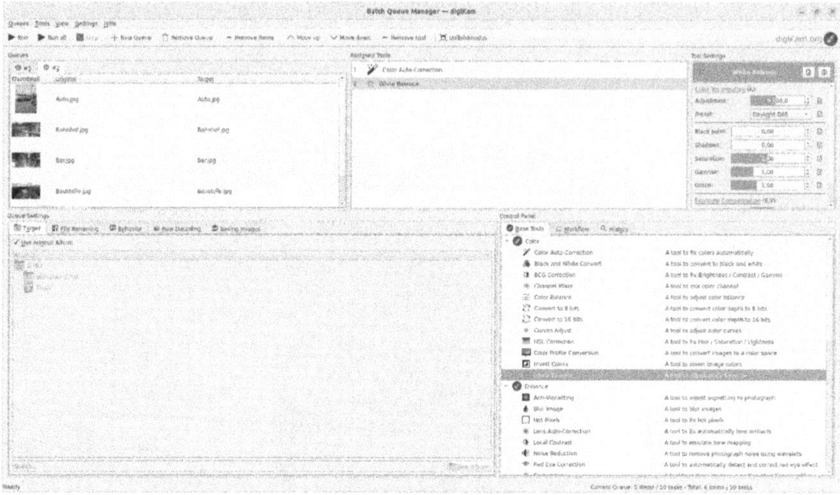

Abb. 6.30: Die Stapelbearbeitung in digiKam

6.2.11 Kdenlive – Alternative zu Adobe Premiere

Eine Alternative zu Adobe Premiere wäre Kdenlive – hierbei handelt es sich zwar um Software für den KDE-Desktop (der zweite große Desktop unter Ubuntu), aber mehr professionelle Funktionen finden Sie unter keiner anderen Videobearbeitung unter Linux. Sie installieren Kdenlive über Ubuntu Software.

Nach dem Öffnen ziehen Sie das oder die gewünschten Videos in das Dateifenster, dazu gehören, wenn vorhanden, natürlich auch die passenden Audio-Dateien. Das Dateifenster findet sich links oben.

Anschließend ziehen Sie die Videos und Audio-Dateien in die Videospuren und Audiospuren ganz unten. Hier lassen sich mehrere Videos nebeneinander zum Zusammenfügen auf eine einzelne Spur setzen, ebenfalls natürlich auch Audio-Dateien. Per Mausklick setzen Sie Stellen, an denen Videos geschnitten werden sollen – die entsprechenden Schaltflächen zeigen sich in der Mitte des Fensters.

Kdenlive verfügt über zwei Monitore – einen für das originale Video und rechts daneben einen für das bearbeitete Video (siehe Abbildung 6.31).

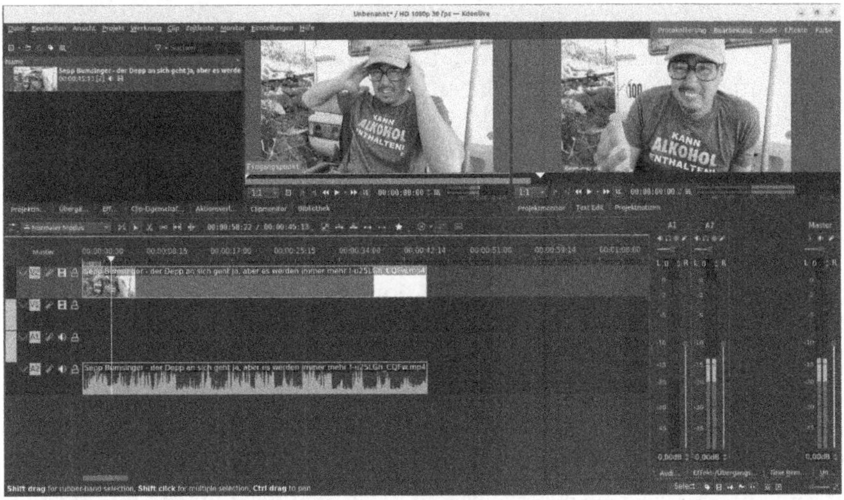

Abb. 6.31: Kdenlive – professionelle Videobearbeitung

Unter dem Dateifenster finden Sie zahlreiche weitere Reiter – in diesen finden Sie Video-Effekte, Übergänge und die Funktion, um Aktionen rückgängig zu machen.

Übergänge und Effekte ziehen Sie einfach aus diesem Fenster auf die geschnittenen Stellen in der oder den Videospuren – die Einstellungen dazu zeigen sich anschließend rechts unten im Fenster.

Das Menü PROJEKT bietet neben vielen weiteren Werkzeugen auch einen Titel-Editor, mit dem Sie Text in das Video schreiben können. Unter den Effekten zeigt sich unter anderem auch die sogenannte *blaue Wand*, mit dieser stellen Sie etwa eine Person im Vordergrund in ein anderes Video im Hintergrund.

Über das Menü PROJEKT|RENDERN passen Sie schließlich die letzten Einstellungen für das Video an (etwa das Dateiformat und die Auflösung) und starten den Vorgang zum Speichern des bearbeiten Videos.

Eine einfacher gehaltene Videobearbeitung wäre etwa OpenShot – auch diese installieren Sie problemlos über Ubuntu Software.

6.3 Weitere Software

In den vorangegangenen Abschnitten rund um das Thema Software finden Sie nur eine sehr geringe Auswahl. Das auf Debian basierende Ubuntu enthält in seinen Software-Archiven Tausende von freien Anwendungen, die Sie per Mausklick installieren können. Über das Snap-Archiv von Ubuntu und das Flatpak-Archiv von Fedora erhalten Sie noch Hunderte weitere Anwendungen – darunter natürlich auch viele Spiele.

Gerade das Software-Archiv von Debian ist schier unergründlich – hier hilft die grafische Paket-Verwaltung Synaptic (siehe Abschnitt 5.2.2). Synaptic zeigt auch Anwendungen, die weder Ubuntu Software noch GNOME Software anbieten – darunter auch professionelle Terminal-Anwendungen. Zu solchen Terminal-Anwendungen zählen etwa viele wissenschaftliche – etwa Maxima, ein professionelles Algebra-System.

Bevor Sie im Internet nach Software suchen, sollten Sie erst die Software-Archive durchforsten, die Ihnen Ubuntu bietet. Oft hilft es schon, den Namen einer Windows-Anwendung einzugeben, um eine Alternative unter Ubuntu zu finden. Alternativ suchen Sie nach der Dateiendung, mit der eine Software umgehen können soll.

Nahezu alle unter Microsoft Windows verfügbaren Webbrowser lassen sich auch unter Ubuntu installieren und nutzen – besuchen Sie ganz einfach die Webseiten der jeweiligen Hersteller.

Kapitel 7

Sicherheit unter Ubuntu

Dieses Kapitel ist vor allem dem Thema Sicherheit gewidmet – also der Sicherheit Ihrer Daten und des Systems. Linux, also auch Ubuntu, gilt zwar als sicherer als Windows, doch an einige Dinge sollten Sie trotzdem denken.

7.1 Ist Ubuntu sicherer als Windows?

Grundsätzlich gilt bei Computern immer der Grundsatz – das System ist immer nur so sicher, wie der Benutzer vor dem Computer arbeitet. Ubuntu basiert jedoch auf Linux und dieses System ist grundlegend anders aufgebaut als Windows.

- Unter Ubuntu beziehen Sie weitere Software meist aus den für Ubuntu verfügbaren Repositories – dies bedeutet, die Software wurde schon vom Distributor geprüft und von zahlreichen Benutzern, die sich um ihre Sicherheit bemühen.
- Updates werden nicht wie unter Windows an einem Patchday im Monat geliefert, sondern sehr zeitnah – wird heute eine Lücke in einer Software gefunden, lässt sich morgen oft schon ein Update einspielen.
- Schadsoftware für Linux, also auch für Ubuntu, ist nahezu nicht existent. Hierfür ist erstens die Verbreitung zu gering und zweitens ist es schwieriger, Schadsoftware in Linux zu integrieren (es gibt zu viele unterschiedliche Linux-Distributionen, die ebenso unterschiedliche Techniken, Desktop-Umgebungen und Software einsetzen).
- Es handelt sich bei Anwendungen unter Ubuntu um großteils freie Software – solche, bei der der Quellcode offen liegt, so haben viele Entwickler Zugriff auf diesen. Es gilt das »Viele Augen sehen mehr«-Prinzip. Mehr Augen finden auch mehr Lücken und Fehler.
- Unter Ubuntu ist der Administrator vom normalen Benutzer strikt getrennt – ohne Eingabe des Administrator-Passworts geht so gut wie überhaupt nichts.

Natürlich gibt es auch Schadsoftware für Linux, also auch für Ubuntu – jedes Jahr hört man über neue Arten solcher Software. Doch handelt es sich hierbei meist um experimentelle Schadsoftware, oft hört man von diesen nach ein paar Wochen kein Wort mehr. Es gibt jedoch auch Schadsoftware, die sich unter Linux hält – solche zielt aber vor allem auf Server ab, die ständig mit dem Internet verbunden sind. Reine Benutzersysteme, die auf Linux basieren, sind einfach zu irrelevant und Schadsoftware ist zu schwierig und aufwendig zu installieren.

Doch auch unter Linux sollten Sie sich einige Gedanken über Ihre Sicherheit machen – nicht alles muss man anderen überlassen. In diesem Kapitel lesen Sie einige Themen dazu.

7.2 GUFW – die Firewall

Ubuntu hat zwar eine Firewall im Linux-Kernel integriert, diese ist jedoch nicht automatisch aktiv, und zwar, weil Ubuntu in der Grundinstallation keine Server-Dienste nach außen in das Netzwerk anbietet. Manchmal macht man sich jedoch keine Gedanken, welche Software man sich zusätzlich installiert – manche Anwendungen stellen auch Server-Dienste in das Netzwerk bereit – und genau solche Dienste sind Einfallstore in das System.

Auch sollten Sie sich nicht auf die Firewall in Ihrem Internet-Router verlassen, gerade günstigere Geräte bekommen nicht lange oder gar keine Aktualisierungen und sind vollgestopft mit Sicherheitslücken.

GUFW ist eine sehr einfach zu nutzende grafische Firewall, selbst Einsteiger haben damit keine Probleme. Per Mausklick sichern Sie sich damit über das Netzwerk ab.

Sie installieren diese Firewall über Ubuntu Software durch das Paket »gufw« – am einfachsten auf dem Terminal durch die Befehle:

```
sudo apt update
sudo apt install gufw
```

Sie starten die Software aus dem Anwendungsmenü heraus. Nach Angabe des Administrator-Passworts landen Sie in der grafischen Oberfläche (Abbildung 7.1).

Ihr erster Schritt: Aktivieren Sie die Firewall per Klick auf den Schalter Status. Schon ist die Firewall aktiv (der Schalter ist farblich rot unterlegt).

Abb. 7.1: GUFW – grafische Oberfläche für die Firewall unter Ubuntu

Mit den Grundeinstellungen gelangen Sie so in das Netzwerk und das Internet, umgekehrt kommt niemand von außen in das System. Dies zeigt sich an den Einstellungen:

- **Eingehend** – Verweigern, keine Verbindung von außerhalb gelangt in das System.
- **Ausgehend** – Erlauben, Sie kommen unter anderem mit dem Webbrowser in das Internet.

Über den Schalter PROFILE können Sie für unterschiedliche Standorte unterschiedliche Einstellungen vornehmen. So können Sie etwa im Büro andere Einstellungen nutzen als zu Hause – etwa eine Datenbank in der Firma anbieten und in einem öffentlichen Netzwerk darauf verzichten.

In der Mitte des Fensters finden Sie vier Reiter – der zweite namens REGELN zählt zu den wichtigsten. Hier passen Sie Ausnahmen an. Zu solchen Ausnahmen könnten etwa Spiele zählen, die einen Server anbieten, um im Netzwerk mit mehreren Rechnern zusammen spielen zu können, aber auch WLAN-Verbindungen zur Kommunikation mit dem Smartphone und Ähnliches.

Um eigene Regeln zu erstellen, klicken Sie auf den Schalter mit dem Plus – hier haben Sie nun mehrere Möglichkeiten zur Verfügung (Abbildung 7.2).

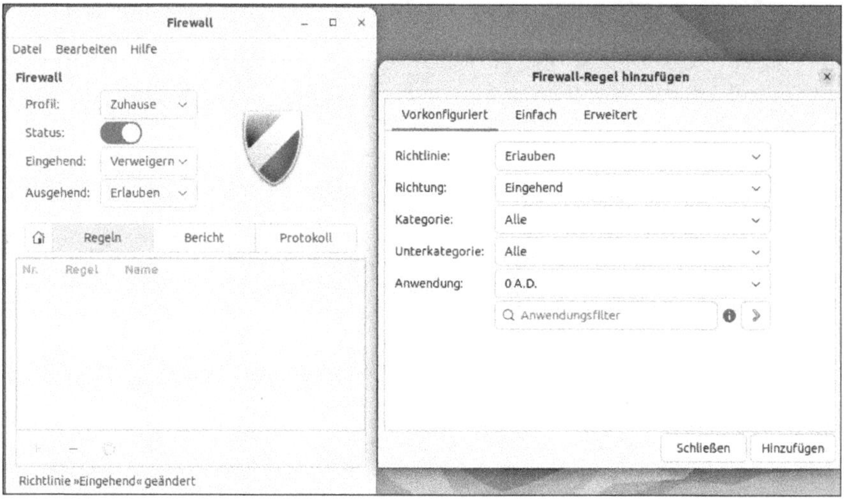

Abb. 7.2: Firewall-Regeln in GUFW erstellen

Am einfachsten versuchen Sie zu Beginn, auf dem Reiter »Vorkonfiguriert« nach den Einstellungen für die gewünschte Anwendung zu suchen. Geben Sie den Namen der Anwendung im untersten Feld »Anwendungsfilter« ein. Wird diese anschließend angezeigt, klicken Sie nur noch auf den Schalter HINZUFÜGEN und die Regel wird angezeigt und ist aktiv.

Über die beiden Reiter EINFACH und ERWEITERT nehmen Sie die Konfiguration der Firewall manuell vor, Sie geben also Ports, IP-Adressen und weitere Details manuell ein.

Eine Hilfe zu Ports und Protokollen finden Sie in der Systemdatei `/etc/services`. Diese Datei öffnen Sie einfach per Doppelklick. Sie enthält zu Anwendungen passende Einstellungen.

7.3 ClamTK – Virenscanner

Ein Virenscanner ist aus meiner Sicht absolut unnötig, wenn Sie ausschließlich Ubuntu nutzen. Zu wenig Schadsoftware für Linux ist im Umlauf – die Chance, auf solche zu treffen, ist wirklich sehr gering.

Interessant wird ein Virenscanner jedoch dann, wenn Sie neben Ubuntu auch ein installiertes Windows betreiben und Dateien zwischen beiden Systemen teilen. So könnten Sie mit Windows-Schadsoftware verseuchte Dateien unter Ubuntu herunterladen, diese dann auf Windows verschieben und Windows damit gefährden.

ClamTK ist ein einfach zu nutzender Virenscanner für Ubuntu, Sie installieren diesen über Ubuntu Software durch das Paket »clamtk-gnome«.

Sie finden diese Software nach der Installation im Anwendungsmenü unter dem Eintrag »ClamTK«. Die grafische Oberfläche ist sehr einfach gehalten (siehe Abbildung 7.3).

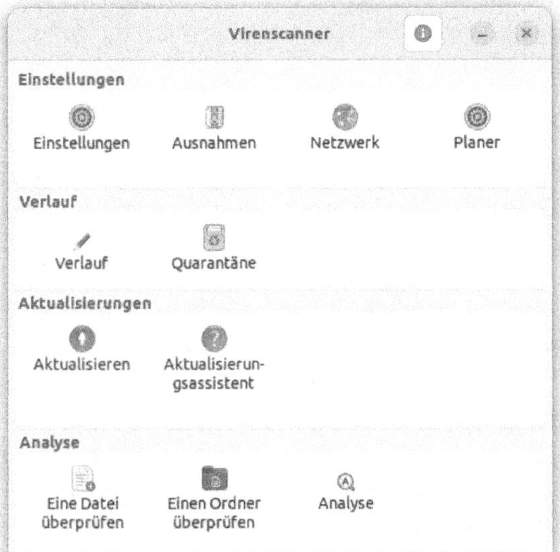

Abb. 7.3: ClamTK – Virenscanner unter Ubuntu

Es ist absolut unnötig, das komplette System nach Schadsoftware zu scannen – ClamTK sucht zum größten Teil nach Schadsoftware für Windows. Die Software aktualisiert die Datenbank für Schadsoftware automatisch – Sie brauchen nur noch die Schalter unter »Analyse« zu nutzen. Hier lassen sich mit EINE DATEI ÜBERPRÜFEN und EINEN ORDNER ÜBERPRÜFEN kleinere Prüfungen vornehmen oder ebenfalls das komplette System sowie auch Ihr Home-Verzeichnis durchsuchen. Mittels ANALYSE lassen Sie einzelne Dateien genauer untersuchen, dies kann etwa dazu dienen, eine von ClamTK gemeldete Datei – also eine als Schadsoftware klassifizierte Datei – zu überwachen (was könnte diese anstellen wollen?).

7.4 Deja Dup – Backups

So sicher und stabil Ubuntu auch ist, nichts passiert schneller, als eine wichtige Datei unabsichtlich zu löschen und den Papierkorb zu leeren. Auch sind Festplatten und SSDs nicht ausfallsicher – gerade SSDs gehen von einer Minute auf die andere kaputt, Datenrettung ist von solcher Hardware ohne hohe Kosten nicht möglich.

Unter Ubuntu ist zur Datensicherung die Software Deja Dup automatisch vorinstalliert. Sie finden diese im Anwendungsmenü unter dem Eintrag »Datensicherung«. Die Software bietet beim ersten Start an, eine erste Sicherung anzulegen (siehe Abbildung 7.4).

Grundsätzlich können Sie die Einstellungen der Software schon belassen, wie sie sind – die Anwendung ist dafür gedacht, die Daten in Ihrem Home-Verzeichnis zu sichern. Die Dateien im Papierkorb werden automatisch ausgeschlossen – Sie können jedoch auch selbst angeben, welche Verzeichnisse gesichert werden sollen. Über ZU SICHERNDE ORDNER legen Sie fest, welche Ordner im Backup eingeschlossen werden und über ZU IGNORIERENDE ORDNER, welche Ordner nicht gesichert werden sollen. Ein Klick auf den Schalter mit dem Minus auf der rechten Seite löscht die Grundeinstellung.

Nach dem Erstellen einer ersten Sicherung bietet die Software an, erweiterte Einstellungen vorzunehmen – etwa das Backup in Intervallen automatisch durchzuführen. Weiterhin lässt sich ein beliebiges Backup über die Software wiederherstellen. Alle vorgenommenen Backups werden aufgelistet – Sie brauchen das gewünschte nur noch per Mausklick auszuwählen.

Klicken Sie auf den Schalter WEITER, können Sie festlegen, wo die gesicherten Daten landen sollen – hier ist es möglich, Google Drive zu nutzen (hierzu müssen Sie in den Einstellungen – siehe Abschnitt 3.2.2 – einen Account für Google anlegen). Alternativ nutzen Sie einen Ordner im Netzwerk oder einen lokalen Ordner – etwa einen externen Datenträger.

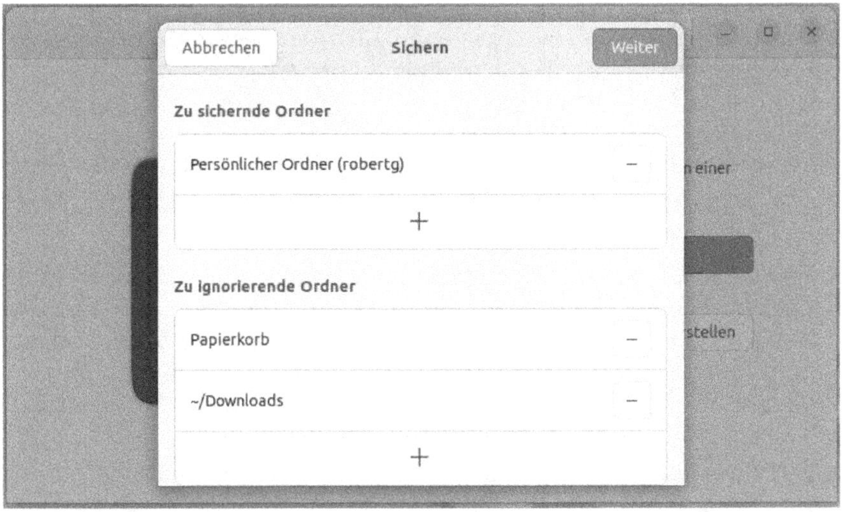

Abb. 7.4: Backups mit Deja Dup

7.5 Timeshift – Systemwiederherstellung

Timeshift erstellt keine Backups von Ihrem Home-Verzeichnis oder einzelnen ausgewählten Ordnern – die Anwendung sichert Ihr komplettes System. Sie können sich diese Anwendung in etwa so vorstellen wie die Systemwiederherstellung unter Windows. Die Software erstellt automatisch in Intervallen Sicherungen von Ihrem Ubuntu-System, alternativ erledigen Sie dies manuell. Wurden Daten gelöscht oder Ubuntu funktioniert nicht mehr, starten Sie Timeshift und stellen einen Sicherungspunkt wieder her.

Timeshift ist unter Ubuntu nicht automatisch installiert – Sie installieren diese Anwendung über Ubuntu Software.

Timeshift ohne funktionierendes Ubuntu nutzen

Sollte Ubuntu aufgrund einer Fehlkonfiguration oder eines schwerwiegenden Fehlers nicht mehr funktionieren, nutzen Sie ein Ubuntu-Live-System, also Ubuntu auf einem Startmedium, wie Sie es zur Installation von Ubuntu genutzt haben. Sie können im laufenden Live-System Timeshift installieren und die Anwendung starten, dann zeigen Sie der Software den Ordner mit den Sicherungen und wählen den wiederherzustellenden Sicherungspunkt – den Rest übernimmt Timeshift.

Zum Start der Software sind administrative Rechte nötig – Sie müssen also das Administrator-Passwort angeben (im Live-System ist dies nicht notwendig). Bei der erstmaligen Nutzung ist die Einrichtung der Software nötig – Sie geben zu Beginn die Art der Sicherung an:

- **rsync** – Standard, diese Art der Sicherung ist immer möglich, benötigt jedoch so viel Platz, wie die zu sichernden Daten auf der Festplatte benötigen. Belegen die zu sichernden Daten auf der Festplatte 20 GB, belegt auch die Sicherung 20 GB. Der Vorteil: Haben Sie eine solche Sicherung auf einem externen Medium, ist es auch möglich, Ubuntu neu zu installieren und dieses System auf den Stand der Sicherung zurückzuversetzen.
- **BTRFS** – Nur nutzbar, wenn Sie bei der Installation manuell statt ext4 BTRFS als Dateisystem gewählt haben. Der Vorteil: Diese Art der Sicherung benötigt sehr wenig Platz. Der Nachteil: Sicherungen lassen sich nicht auf externen Datenträgern erstellen. Sicherungen landen auf demselben Datenträger, auf dem Ubuntu installiert ist. Geht dieser Datenträger kaputt, ist auch die Sicherung weg.

Nachdem Sie die Art der Sicherung ausgewählt haben, geben Sie den Datenträger an, auf dem die Sicherungen landen sollen – also etwa auf dem installierten Ubuntu oder einem externen Datenträger. Anschließend folgt eine der wichtigsten Einstellungen: Wie viele Sicherungspunkte soll Timeshift behalten (Abbildung 7.5)?

Sie legen fest, in welchem Intervall Timeshift Sicherungen anlegen soll und wie viele davon gespeichert werden sollen. Natürlich können Sie täglich Sicherungen erstellen, doch tägliche Sicherungen über Wochen oder Monate zu behalten, ist reine Platzverschwendung – die Festplatte wird schnell volllaufen. Sie geben also links per Checkbox an, in welchem Intervall die Sicherungen angelegt werden sollen, und rechts legen Sie fest, wie viele Sicherungen dieser Art auch aufbehalten werden müssen – wird diese Anzahl überschritten, werden ältere automatisch gelöscht.

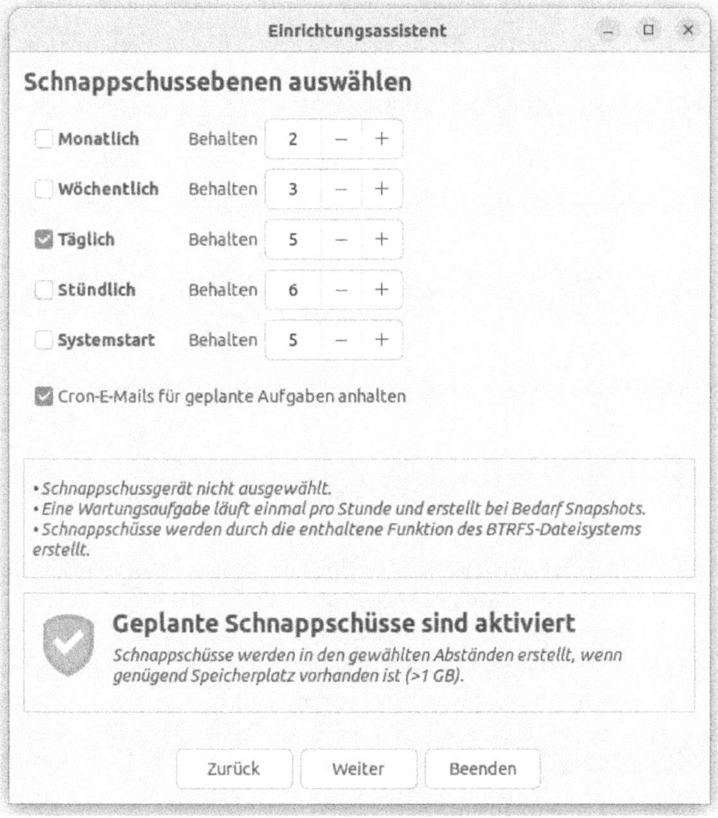

Abb. 7.5: In welchem Intervall soll Timeshift Sicherungen anlegen und wie viele behalten?

Weiter geht es anschließend mit der Sicherung des Systemverzeichnisses `/home` – hier liegen die privaten Daten der Benutzer. Timeshift ist dazu gedacht, Ubuntu zu einem früheren Zeitpunkt wiederherzustellen, also das System in einen funktionierenden Zustand zurückzuversetzen, daher sichert es private Daten der Benutzer nicht automatisch (siehe Abbildung 7.6).

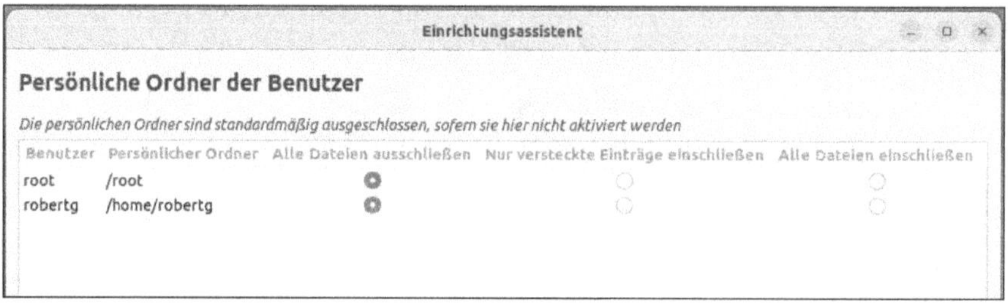

Abb. 7.6: Private Daten der Benutzer sichern

Deaktivieren Sie alle Möglichkeiten, können Sie im Hauptfenster (Abbildung 7.7) nur manuell Sicherungen erstellen – ich würde solche etwa vor Aktualisierungen erstellen.

Hier zeigen sich alle Home-Verzeichnisse der Benutzer – pro Zeile ein Verzeichnis. Sie haben folgende Möglichkeiten:

- **Alle Dateien ausschließen** – Keine privaten Daten werden gesichert, nur das System wird in die Sicherung eingeschlossen.
- **Nur versteckte Einträge einschließen** – Nur versteckte Dateien und Ordner werden in die Sicherung einbezogen, also die Einstellungen der Anwendungen des Benutzers – jedoch etwa nicht die Dokumente, Videos oder Musik-Dateien.
- **Alle Dateien einschließen** – Nur über diese Option wird wirklich das komplette Home-Verzeichnis des Benutzers gesichert – also private Dateien und die Einstellungen.

Die Einstellungen lassen sich für jeden Benutzer einzeln festlegen. Nach dieser letzten Konfiguration schließen Sie mit BEENDEN das Fenster und landen im eigentlichen Fenster der Software (siehe Abbildung 7.7).

In Timeshift sehen Sie die erstellten Sicherungen aufgelistet. Sie markieren eine solche und klicken auf den Schalter WIEDERHERSTELLEN, um die Sicherung zurückzuspielen. Hier lassen sich auch Sicherungen – sogenannte *Schnappschüsse* – manuell erstellen, indem Sie den Schalter ERSTELLEN nutzen. Auch lassen sich ältere Sicherungen löschen.

Vorsicht mit Timeshift

Ist Timeshift richtig eingestellt, kann es ein Segen sein, wenn Sie Ubuntu falsch konfiguriert haben – ein paar Mausklicks und Timeshift versetzt

Ihr Ubuntu in einen früheren optimalen Zustand zurück. Zu viele gespeicherte Sicherungen füllen die Festplatte jedoch innerhalb von wenigen Wochen. Liegen die Sicherungen dann noch im Wurzelverzeichnis (siehe Abschnitt 4.1), wird die grafische Oberfläche von Ubuntu nicht mehr starten. Dann bleibt Ihnen nur noch, auf das Terminal zuzugreifen, um ältere Sicherungen zu löschen.

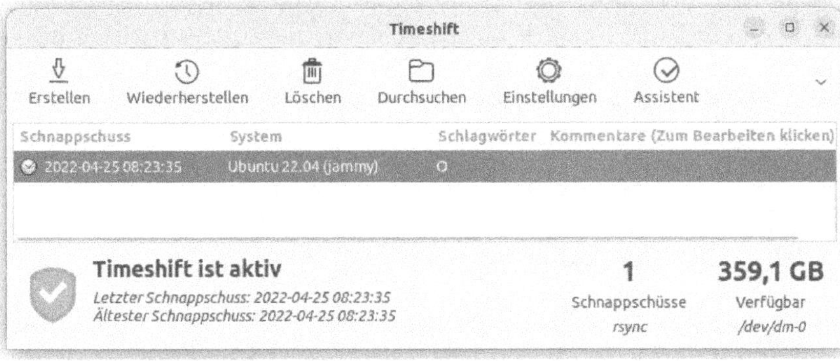

Abb. 7.7: Wiederherzustellende Sicherung in Timeshift auswählen

7.5.1 Timeshift am Terminal nutzen

Timeshift lässt sich am Terminal nutzen, um das System zu einem früheren Zeitpunkt wiederherzustellen – etwa weil die grafische Oberfläche einfach aus keinem erkennbaren Grund nicht startet.

Manche Benutzer übertreiben es mit der Anzahl von Sicherungspunkten mit Timeshift. Liegen die Sicherungen auf einem externen Speichermedium, gibt es keine Schwierigkeiten, liegen sie jedoch im Wurzelverzeichnis, in dem auch das System Ubuntu liegt, wird die Festplatte irgendwann voll – die grafische Oberfläche startet dann nicht mehr. Mehr als fünf Sicherungen einer Art der Sicherung sind nicht nötig – mehr ist Platzverschwendung.

Haben Sie es doch geschafft, das System mit Sicherungen vollzumüllen und Sie können sich nicht mehr auf der grafischen Oberfläche anmelden, landen Sie immer wieder am Login-Bildschirm. Sie können sich jedoch noch immer am Terminal (siehe Abschnitt 4.3) anmelden – hierzu nutzen Sie die Tastenkombination `Strg`+`Alt`+`F3` und finden sich vor der Anmeldung wieder:

```
rechnername login:
```

Geben Sie Ihren Benutzernamen an, bestätigen mit [↵]. Als Nächstes geben Sie Ihr Passwort ein und bestätigen nochmals mit [↵], anschließend sind Sie am Terminal im Vollbild angemeldet.

Als Erstes lassen Sie sich die erstellten Sicherungen anzeigen – hierzu dient der Befehl:

```
sudo timeshift --list-snapshots
```

Die Software zeigt nun Informationen zum Laufwerk, freien Speicher und einige weitere Informationen. Zuletzt sehen Sie die einzelnen Sicherungen. Jede Sicherung ist mit dem Datum der Erstellung versehen und vor jeder Sicherung sehen Sie eine Nummer (siehe Abbildung 7.8).

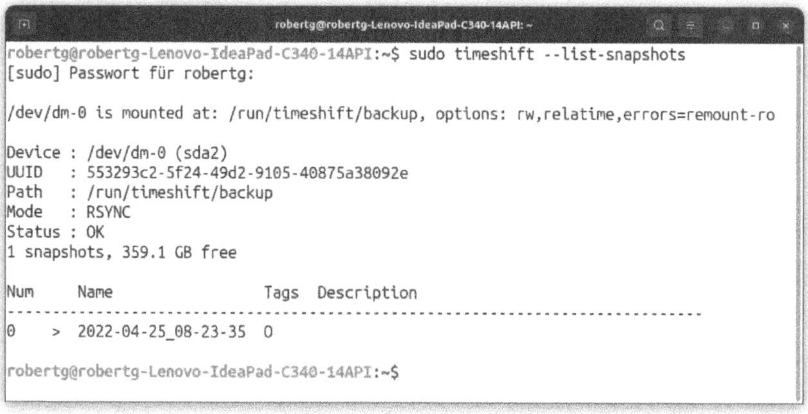

Abb. 7.8: Timeshift am Terminal nutzen – Sicherungen anzeigen

Um eine Sicherung wiederherzustellen, merken Sie sich die Nummer vor der wiederherzustellenden Sicherung – im Beispiel soll die Sicherung mit der Nummer »0« genutzt werden. Nutzen Sie folgenden Befehl:

```
sudo timeshift --restore 0
```

Das System wird einige Fragen an Sie haben, in der Regel beantworten Sie diese ganz einfach mit [↵] – nach der Wiederherstellung startet Ubuntu neu.

Um am Terminal alte und unnötige Sicherungen zu löschen, lassen Sie sich ebenfalls die vorhandenen Sicherungen anzeigen und merken sich die Nummern der zu löschenden Sicherungen. Anschließend löschen Sie die gewünschten Sicherungen wie folgt – eine Sicherung pro Befehl:

```
sudo timeshift --delete 0
sudo timeshift --delete 1
sudo timeshift --delete 2
sudo timeshift --delete 3
...
```

Mittels der Tastenkombination `Strg`+`Alt`+`F2` gelangen Sie wieder an die grafische Oberfläche zurück und können sich anmelden.

7.6 Spamassassin als Spamfilter in Thunderbird und Evolution

Spam ist eine der wohl unerfreulichsten Nebenwirkungen des Internets unserer heutigen Zeit. Werbung, die Sie nicht benötigen, Betrugsversuche und Ähnliches entsorgt ein guter Spamfilter aus der E-Mail-Kommunikation.

Die wohl meistgenutzten E-Mail-Anwendungen unter Ubuntu sind Thunderbird und Evolution. Diese sind optimal an den Standard-Desktop GNOME angepasst. Thunderbird besitzt einen eingebauten Spamfilter, dieser lernt jedoch erst durch Ihre Interaktion (siehe Abbildung 7.9).

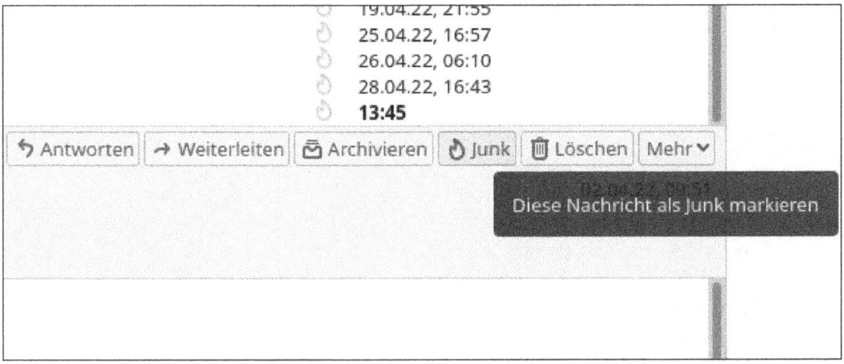

Abb. 7.9: E-Mail-Nachricht in Thunderbird als Spam markieren

Sie müssen Thunderbird also durch Klick auf den Schalter JUNK erst zeigen, bei welchen Nachrichten es sich um Spam handelt, dadurch lernt diese Software mit der Zeit. Nur bei sehr deutlich erkennbarem Spam erkennt die Software solchen von selbst. Evolution selbst hat überhaupt keinen Spamfilter integriert, besitzt jedoch eine Schnittstelle, um einen solchen zu integrieren.

Einer der herausragendsten Spamfilter unter Linux nennt sich Spamassassin – er erkennt Spam und Betrugsversuche durch zahlreiche eingebaute Algorithmen. Sie installieren diesen durch Ubuntu Software über das Paket »spamassassin«.

7.6.1 Spamassassin in Thunderbird integrieren

Sie starten Thunderbird durch einen Klick auf den Menüschalter – hier öffnen Sie den Eintrag KONTENEINSTELLUNGEN und klicken auf die Einstellungen für den JUNK-FILTER.

In den Einstellungen aktivieren Sie per Klick in die Checkbox die Option JUNK-KOPFZEILEN DIESES EXTERNEN FILTERS VERTRAUEN und wählen den installierten Spamfilter Spamassassin (siehe Abbildung 7.10).

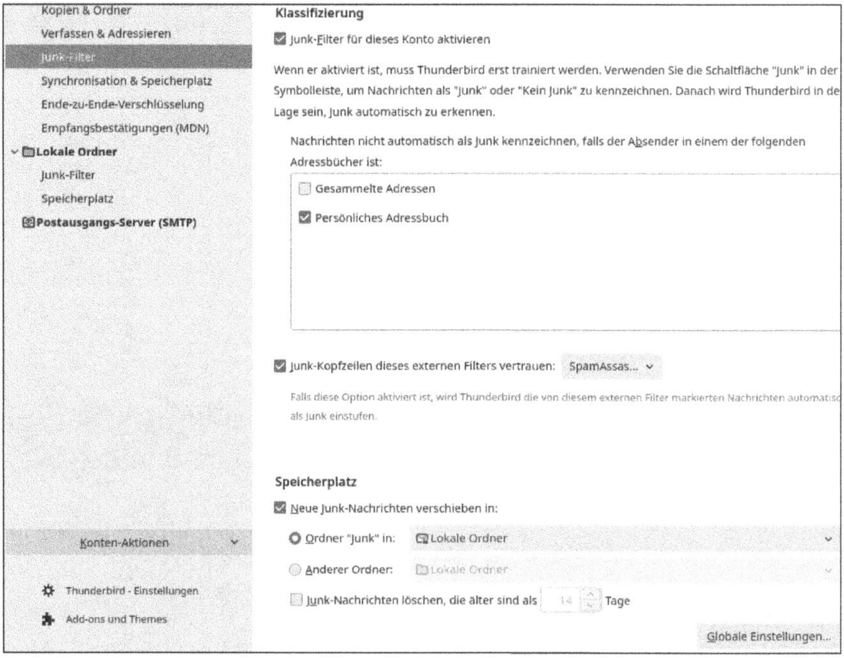

Abb. 7.10: Spamassassin in Thunderbird aktivieren

Spamassassin ist ab sofort aktiv und wird als Spam erkannte E-Mails als solche markieren und nur Text und keine Bilder anzeigen. In den Einstellungen zum Spamfilter lässt sich auch regeln, welche Aktionen dieser bei erkanntem Spam ausführen soll. Automatisch wird solcher nur gekennzeichnet – alternativ lässt sich der Spam in ein dafür vorbestimmtes Verzeichnis verschieben und nach bestimmter Zeit automatisch löschen.

7.6.2 Spamassassin in Evolution integrieren

Um Spamassassin in Evolution zu integrieren, öffnen Sie die Einstellungen zum Thema Spam über das Menü BEARBEITEN|NACHRICHTENFILTER. Im sich öffnenden Fenster belassen Sie die Einstellungen auf EINGANG und klicken auf den Schalter HINZUFÜGEN.

Im Feld »Regelname« geben Sie eine Bezeichnung für die neue Regel an – etwa ganz einfach »Spam filtern«.

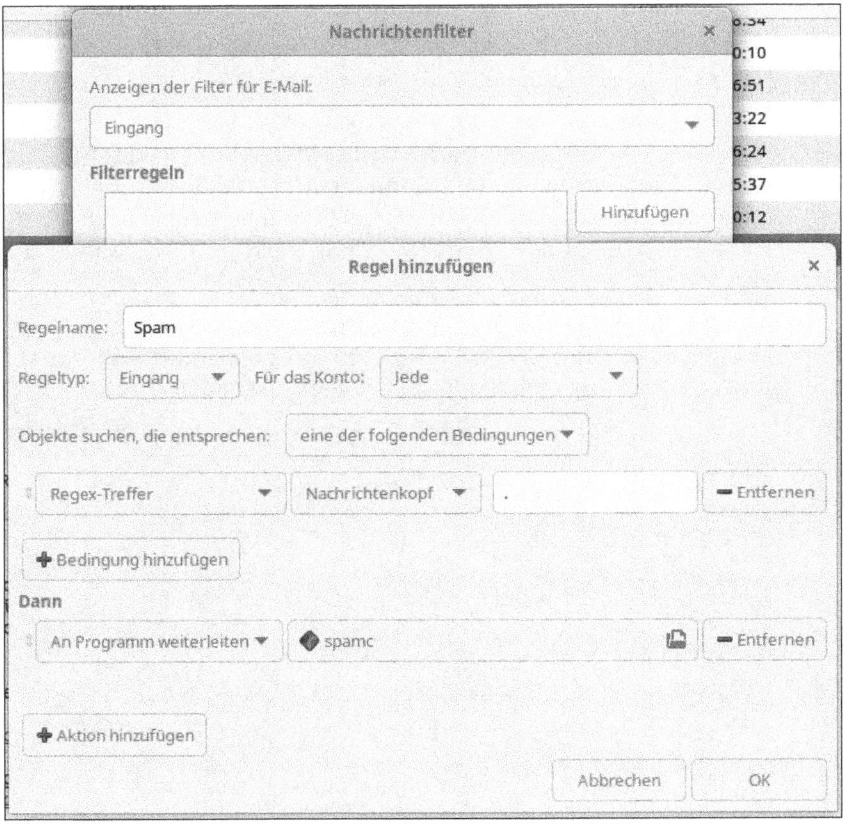

Abb. 7.11: Spamassassin in Evolution integrieren

Hier geben Sie die Einstellungen nach folgender Tabelle an:

Einstellung	Option	Beschreibung
Regeltyp	Eingang	Eingehende E-Mails filtern
Für das Konto	Jede	Für jedes Ihrer E-Mail-Konten
Objekte suchen, die entsprechen	Eine der folgenden Bedingungen	Für die folgende erstellte Bedingung

Tab. 7.1: Spamassassin in Evolution integrieren

Jetzt passen Sie die Bedingung an – ganz vorne wählen Sie über den Schalter REGEX-TREFFER, in der Mitte wählen Sie den NACHRICHTENKOPF und im Feld dahinter geben Sie einen Punkt ein (siehe Abbildung 7.11).

Unter »Dann« geben Sie an, was mit jeder E-Mail-Nachricht geschehen soll – Sie wollen jede E-Mail an Spamassassin weitergeben. Wählen Sie über den ersten Schalter die Option AN PROGRAMM WEITERLEITEN – über den zweiten wird automatisch der Dateidialog geöffnet. Navigieren Sie über ANDERE ORTE|RECHNER in das Systemverzeichnis `/usr/bin/` und wählen die Datei `spamc`.

Zuletzt klicken Sie auf den Schalter AKTION HINZUFÜGEN, belassen die erste Einstellung auf IN ORDNER VERSCHIEBEN und wählen mit dem zweiten Schalter das Spam-Verzeichnis des E-Mail-Kontos (Abbildung 7.12).

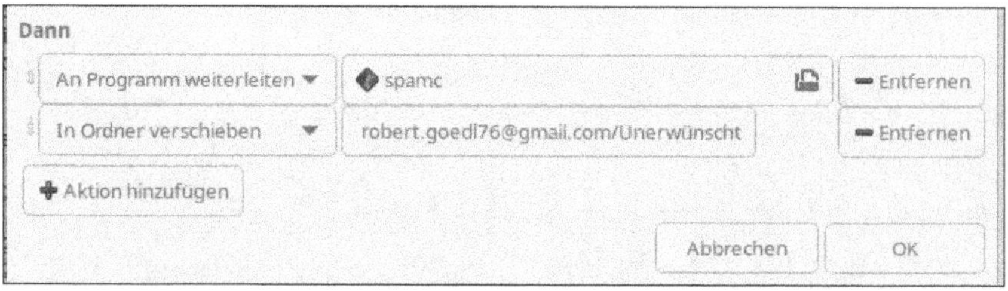

Abb. 7.12: Spamassassin in Evolution integrieren

Kapitel 8

Noch mehr über Ubuntu

Dieses Buch bietet nur einen kleinen Einstieg in Ubuntu. Ubuntu ist jedoch viel mehr als nur ein einfach zu nutzendes Betriebssystem auf der Basis von Linux. Es handelt sich hierbei um eine riesige Gemeinschaft von Entwicklern und Benutzern. Zum Abschluss finden Sie in diesem Kapitel Anlaufstellen, an denen Sie mehr über Ubuntu erfahren, und solche, mit denen Sie Probleme lösen können.

8.1 Tipps, um mehr aus Ihrem Ubuntu herauszuholen

Webseiten, auf denen die Sie mehr über Ubuntu erfahren, sehen Sie in folgender Aufzählung.

- **Das Deutsche Ubuntu-Wiki** – In diesem Wiki finden Sie nicht nur sehr viel unter Ubuntu verfügbare Software und deren Beschreibung, sondern erfahren auch, wie Sie noch mehr aus Ubuntu herausholen. Nachfolgend die entsprechende Webseite:

  https://wiki.ubuntuusers.de/Startseite/

- **Das Deutsche Ubuntu-Forum** – Hilfe zu Problemen mit dem Betriebssystem Ubuntu und mit darauf installierter Software finden Sie im Deutschen Ubuntu-Forum. Hier können Sie nicht nur die Probleme anderer Ubuntu-Benutzer nachlesen, Sie können Ihre eigenen Probleme beschreiben und sich von anderen Benutzern helfen lassen. Ubuntu ist nicht nur ein Betriebssystem, es besteht aus einer riesigen Gemeinschaft und diese hilft immer gerne. Sie finden das Forum unter:

  https://forum.ubuntuusers.de/

- **Linux Bibel Österreich** – Diese Webseite wird von mir selbst betrieben – es handelt sich dabei um ein Wiki nicht nur rund um Ubuntu, sondern auch um andere Linux-Distributionen, zahlreiche Desktop-Umgebungen und deren Beschreibungen. Dazu gehören natürlich auch viele unter Linux verfügbare Anwendungen und andere Tipps, mit denen Sie mehr aus Ubuntu und den verfügbaren Anwendungen herausholen. Sie erreichen meine Webseite unter:

https://linux-bibel.at/

- **Alternativen zu Windows-Software unter Linux** – Gerade als Ubuntu-Einsteiger werden Sie oft nach Alternativen zu Windows-Software unter Linux suchen. Alternativen zu Software unter Windows gibt es beinahe für jede Anwendung. Eine äußerst umfangreiche Webseite zu solchen Alternativen finden Sie unter:

  https://alternativeto.net/

Ubuntu ist nicht nur sehr einfach zu installieren und zu nutzen – es ist ein sehr modernes Betriebssystem basierend auf Linux. Ubuntu verbindet Linux und alles, was damit möglich ist – vom einfachen Desktop-Betriebssystem bis zum Server –, mit der Einfachheit von Microsoft Windows.

Um mehr aus Ihrem Ubuntu herauszuholen, gibt es nicht nur Webseiten im Internet. Geben Sie einfach einmal den Begriff »Hilfe« im Anwendungsmenü ein. Die sich öffnende Anwendung bietet einen sehr einfachen Einstieg in die Möglichkeiten von Ubuntu und natürlich auch Hilfe zu oft gestellten Fragen.

Stichwortverzeichnis

Symbole

A

B

C

M

N

O

P

R

S

T

U